빠른시작

빠작

중학 국어 **어휘**

KB046978

1

중학 국어 빠작 시리즈

이 책을 쓰신 선생님

이은정(신천중) 이세주(광성고) 허단비(전 인화여중)

빠른시작
빠작

중학 국어
어휘

1

차 례

☑ **2015개정 중학교 1학년 국어 교과서를 바탕**으로 어휘를 엄선하였습니다.
☑ **단계별 학습**과 **반복 학습**이 가능한 체재로 학습의 효과를 높일 수 있도록 하였습니다.
☑ **학교 내신 대비**와 함께 **수능 국어의 기초**를 쌓을 수 있도록 어휘를 제시하고, 체재를 구성하였습니다.

1 어휘 익히기 매 회차별로 15개의 필수 어휘, 필수 개념, 한자 성어 | 관용구 | 속담을 익힙니다.

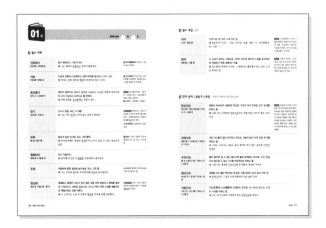

▌ **필수 어휘** 눈에 띄는 색감을 활용하여 어휘의 주요 뜻을 쉽게 기억할 수 있도록 하였으며, 유의어(**유**), 반의어(**반**), 연관 어휘, 수능 기출 예문을 접할 수 있게 하였습니다.

▌ **필수 개념** 영역별 필수 개념을 학습하여 학교 국어 시험을 대비할 수 있게 하였습니다.

▌ **한자 성어 | 관용구 | 속담** 한자 성어와 관용구, 속담은 주제 또는 소재로 분류하여 제시하였습니다.

2 확인 문제 문제를 풀며 앞에서 학습한 어휘의 이해 정도를 확인합니다.

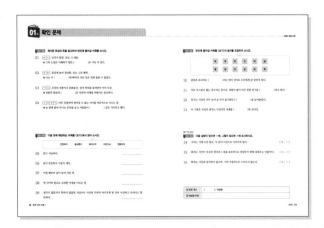

어렵지 않은 난이도의 확인 문제를 풀며 앞에서 익힌 어휘의 이해 정도를 확인할 수 있도록 하였습니다.

개념 확인 앞에서 학습한 영역별 필수 개념을 바르게 이해하고 있는지 문제를 풀며 확인할 수 있게 하였습니다.

자기 점검 채점을 한 후 복습할 어휘를 적어 보게 하여 보충 학습을 할 수 있게 하였습니다.

③ 종합 문제 6회분 어휘를 종합한 문제로 실전을 대비하는 어휘력을 기릅니다.

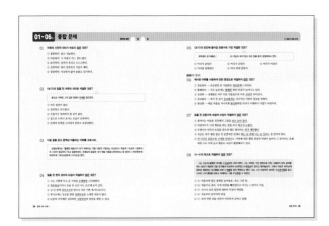

다양한 유형의 문제를 풀며 실전을 대비하는 어휘력을 기를 수 있도록 하였습니다.

수능 기출 응용 수능 기출을 응용한 문제를 통해 수능에서 출제되는 어휘 문제의 유형을 접할 수 있게 하였습니다.

어법+ 어휘를 바탕으로 어법에 대해서도 이해할 수 있도록 하였습니다.

책 속의 책

어휘력 다지기

본책에서 학습한 어휘를 복습하며 어휘력을 확실하게 다집니다.

정답과 해설

정답 해설과 오답 풀이를 읽으며 어휘 학습을 빈틈없이 완성합니다.

이 책의 활용 방법

01 학습 계획을 세우고, 꾸준히 공부하자!

매일 20~30분씩 학습하면 4주에 학습을 마칠 수 있도록 구성된 책이다.
주 2회 이상 어휘 공부를 하는 것으로 학습 계획을 세워서 꾸준히 공부하자.

02 한자의 뜻을 보며 어휘의 의미를 익히자!

한자어가 많은 우리말, 한자의 뜻을 보면서 어휘의 의미를 익혀 보자.
어휘의 의미가 더욱 잘 이해될 것이다.

03 유의어, 반의어, 연관 어휘까지 챙기자!

표제어 옆에 제시된 유의어, 반의어, 연관 어휘도 함께 읽어 보며 어휘력을 높이자.

04 필수 개념은 확실히 익히자!

학교 시험과 관련 있는 영역별 필수 개념은 예시와 추가 설명을 찬찬히 읽어 보며 확실히 익히도록 하자.

05 주제 및 소재별로 구분한 한자 성어, 관용구, 속담을 기억하자!

한자 성어, 관용구, 속담은 주제 및 소재별로 구분하여 키워드를 제시하였다.
키워드를 기억하며 머릿속에 차곡차곡 정리해 두자.

06 확인 문제를 풀고 난 뒤 복습이 필요한 어휘는 바로 다시 공부하자!

의미를 정확히 이해하지 못한 어휘는 다시 되돌아가 뜻풀이와 예문을 읽으며 복습하자.

07 종합 문제를 풀고 난 뒤 해설을 꼭 확인하자!

틀린 문제는 왜 틀렸는지 해설을 통해 확인하여 유사한 문제가 출제되었을 때 틀리지 않도록 대비하자.

08 어휘력 다지기를 잘 활용하자!

본책에서 학습한 어휘를 다시 한번 점검하기 위해 어휘력 다지기를 꼭 풀어 보자.
점검 결과에 따라 다시 한번 본책을 복습하자.

학습 점검표 | 학습한 날짜를 기록하면서 자신의 학습 현황을 점검해 보자.

본책	학습한 날	복습한 날	어휘력 다지기	학습
1회			1회	
2회			2회	
3회			3회	
4회			4회	
5회			5회	
6회			6회	
1~6회 종합 문제				
7회			7회	
8회			8회	
9회			9회	
10회			10회	
11회			11회	
12회			12회	
7~12회 종합 문제				
13회			13회	
14회			14회	
15회			15회	
16회			16회	
17회			17회	
18회			18회	
13~18회 종합 문제				
19회			19회	
20회			20회	
21회			21회	
22회			22회	
23회			23회	
24회			24회	
19~24회 종합 문제				

📒 필수 어휘

건장하다 굳셀 健 | 씩씩할 壯	몸이 튼튼하고 기운이 세다. 예 그는 체격이 <u>건장하고</u> 성격이 활달하다.	🔘 허약(虛弱)하다: 힘이나 기운이 없고 약하다.
계승 이을 繼 | 받들 承	조상의 전통이나 문화유산, 업적 따위를 물려받아 이어 나감. 예 역사는 문화 창조와 <u>계승</u>의 과정이라 할 수 있다.	🔘 전승(傳承): 문화, 풍속, 제도 따위를 이어받아 계승함. 또는 그것을 물려주어 잇게 함.
공교롭다 장인 工 | 교묘할 巧	생각지 않았거나 뜻하지 않았던 사실이나 사건과 우연히 마주치게 된 것이 이상하고 묘하다고 할 만하다. 예 나와 동생은 <u>공교롭게도</u> 생일이 같다.	🔘 더알기 '공교롭다'에서 '-롭다'는 '그러함' 또는 '그럴 만함'의 뜻을 더하는 말이다. 예 새롭다 | 자유롭다 | 해롭다
암시 숨길 暗 | 보일 示	넌지시 알림. 또는 그 내용. 예 그는 아무 <u>암시</u>도 하지 않고 갑자기 떠났다.	⭐ 2019 수능 침묵하는 철수의 모습과 시가지의 분위기를 대비하여, 거리를 바라보는 철호의 심리를 <u>암시</u>하고 있다. ➕ 명시(明示): 분명하게 드러내 보임.
유희 놀 遊 | 놀이 戱	즐겁게 놀며 장난함. 또는 그런 행위. 예 우리나라에는 설날의 <u>유희</u>로서 누구나 즐길 수 있는 윷놀이가 있다.	🔘 놀이: 여러 사람이 모여서 즐겁게 노는 일. 또는 그런 활동.
청량하다 맑을 淸 | 서늘할 涼	맑고 서늘하다. 예 강가에 서 있으니 <u>청량한</u> 가을바람이 불어온다.	
푸념	마음속에 품은 불평을 늘어놓음. 또는 그런 말. 예 그는 자신의 불우한 처지에 대해 <u>푸념</u>을 늘어놓았다.	➕ 넋두리: 불만을 길게 늘어놓으며 하소연하는 말.
형상화 형상 形 | 형상 象 | 될 化	형체로는 분명히 나타나 있지 않은 것을 어떤 방법이나 매체를 통하여 **구체적이고 명확한 형상**으로 나타냄. 특히 어떤 소재를 예술적으로 재창조하는 것을 이른다. 예 그 소설가는 소설 속 인물의 <u>형상화</u> 과정에 대해 설명했다.	⭐ 2019 수능 이는 고향 마을의 따뜻한 풍경에 대한 그리움을 <u>형상화</u>한 것이다.

■ 필수 개념 문학

시어
시 詩 | 말씀 語

시에 쓰는 말. 또는 시에 있는 말.
예 윤동주의 「서시」 → 하늘, 부끄럼, 잎새, 바람, 나, 괴로워했다, 별, 노래…….

더알기 '시구(詩句)'는 시의 구절을 말한다. 윤동주의 「서시」에서 '하늘', '부끄럼'은 시어이고, '하늘을 우러러 / 한 점 부끄럼이 없기를'은 시구이다.

화자
말할 話 | 사람 者

시 속에서 말하는 사람으로, 시인이 자신의 생각과 느낌을 효과적으로 전달하기 위해 내세우는 인물.
예 김소월의 「엄마야 누나야」 → 평화로운 세상에서 살고 싶은 소년을 화자로 함.

더알기 시에서 화자는 '나(우리)'로 직접 드러나기도 하지만, 드러나지 않는 경우도 있다. 또한 시인과 일치할 수도 있고 일치하지 않을 수도 있다.

■ 한자 성어 | 관용구 | 속담 '우정'과 관련이 있는 한자 성어

관포지교
피리 管 | 절인 어물 鮑 | 어조사 之 | 사귈 交

관중과 포숙아의 사귐이란 뜻으로, 우정이 아주 돈독한 친구 관계를 이르는 말.
예 그와 나는 주위에서 관포지교라고 칭할 만큼 사이가 좋은 친구이다.

더알기 관중과 포숙아는 중국 춘추 시대 제나라의 정치가이다. 포숙아는 왕이 재상으로 임명하려 하자 사양하고, 투옥되어 있던 관중을 석방해 그를 재상의 자리에 앉히라고 권했다. 이후 관중은 왕을 도와 나라를 강하고 부유하게 만드는 데 큰 공을 세웠다.

막역지우
없을 莫 | 거스를 逆 | 어조사 之 | 벗 友

서로 거스름이 없는 친구라는 뜻으로, 허물이 없이 아주 친한 친구를 이르는 말.
예 그와는 어려서는 싸움도 많이 했지만 뜻이 맞는 유일한 막역지우였다.

수어지교
물 水 | 물고기 魚 | 어조사 之 | 사귈 交

물이 없으면 살 수 없는 물고기와 물의 관계라는 뜻으로, 아주 친밀하여 떨어질 수 없는 사이를 비유적으로 이르는 말.
예 그와 나는 평생을 수어지교를 유지해 온 절친한 사이다.

죽마고우
대나무 竹 | 말 馬 | 옛 故 | 벗 友

대말을 타고 놀던 벗이라는 뜻으로, 어릴 때부터 같이 놀며 자란 벗.
예 죽마고우인 그 둘은 이제 취향까지 서로 닮아 간다.

지란지교
지초 芝 | 난초 蘭 | 어조사 之 | 사귈 交

지초(芝草)와 난초(蘭草)의 교제라는 뜻으로, 벗 사이의 맑고도 고귀한 사귐을 이르는 말.
예 나는 내 친구와의 사귐에서 항상 지란지교를 꿈꾼다.

01~04 제시된 초성과 뜻을 참고하여 빈칸에 들어갈 어휘를 쓰시오.

01 ᄋ ᄉ : 넌지시 알림. 또는 그 내용.

예 그의 소설은 이해하기 힘든 (   )로 가득 차 있다.

02 ᄋ ᄒ : 즐겁게 놀며 장난함. 또는 그런 행위.

예 나는 이 (   )에 빠져서 다른 일은 전혀 돌볼 수 없었다.

03 ᄀ ᄉ : 조상의 전통이나 문화유산, 업적 따위를 물려받아 이어 나감.

예 전통의 발굴과 (   )은 민족의 미래를 위해서도 중요하다.

04 ᄉ ᄋ ᄌ ᄀ : 아주 친밀하여 떨어질 수 없는 사이를 비유적으로 이르는 말.

예 늘 함께 붙어 다니는 우리를 보고 사람들이 (   ) 같은 사이라고 했다.

05~09 다음 뜻에 해당하는 어휘를 〈보기〉에서 찾아 쓰시오.

보기
건장하다   공교롭다   죽마고우   지란지교   청량하다

05 맑고 서늘하다. _____

06 몸이 튼튼하고 기운이 세다. _____

07 어릴 때부터 같이 놀며 자란 벗. _____

08 벗 사이의 맑고도 고귀한 사귐을 이르는 말. _____

09 생각지 않았거나 뜻하지 않았던 사실이나 사건과 우연히 마주치게 된 것이 이상하고 묘하다고 할 만하다. _____

10~13 빈칸에 들어갈 어휘를 〈보기〉의 글자를 조합하여 쓰시오.

보기

| 푸 | 우 | 막 | 지 | 역 | 념 |
| 형 | 관 | 교 | 상 | 포 | 화 |

10 관중과 포숙아는 (　　　　　　)라는 한자 성어로 우리에게 잘 알려져 있다.

11 서로 거스름이 없는 친구라는 뜻으로, 허물이 없이 아주 친한 친구를 (　　　　　　)라고 한다.

12 친구는 시간이 너무 늦어 곧 차가 끊기겠다고 (　　　　　)을 늘어놓았다.

13 이 그림은 자신이 꿈꾸는 이상적인 세계를 (　　　　　)한 것이다.

✔ 개념 확인

14~16 다음 설명이 맞으면 ○에, 그렇지 않으면 ×에 표시하시오.

14 시어는 시에 쓰인 말로, 두 단어 이상으로 이루어져 있다. 　　　　　(○ , ×)

15 화자는 시인이 자신의 생각과 느낌을 효과적으로 전달하기 위해 내세우는 인물이다. 　(○ , ×)

16 화자는 시인과 일치하지 않으며, 시에 직접적으로 드러나지 않는다. 　　　(○ , ×)

◎ 맞힌 개수	(　　　　) / 16문항
☑ 복습할 어휘	

📘 필수 어휘

과시하다
자랑할 誇 | 보일 示

자랑하여 보이다.
예 그녀는 무대에 올라서 오랫동안 닦은 기량을 <u>과시했다</u>.

➕ 과장(誇張)하다: 사실보다 지나치게 불려서 나타내다.

무색하다
없을 無 | 빛 色

「1」 겸연쩍고 부끄럽다.
예 그는 내 앞에서 넘어지자 <u>무색하여</u> 어쩔 줄을 몰라 했다.
「2」 본래의 특색을 드러내지 못하고 보잘것없다.
예 그는 궁전이 <u>무색할</u> 정도의 큰 저택을 보았다.

선연히
선명할 鮮 | 그럴 然

실제로 보는 것같이 생생하게.
예 네가 여덟 살쯤에 자주 입었던 하얀 옷은 지금도 그 모양이 <u>선연히</u> 떠오른다.

소행
바 所 | 행할 行

이미 해 놓은 일이나 짓.
예 그는 자신이 저지른 <u>소행</u>을 깊이 반성하고 있다.

★ 2019 수능 김자점의 <u>소행</u>이 혐오스러워 붓을 멈춘다.

음산하다
그늘 陰 | 흩을 散

「1」 날씨가 흐리고 으스스하다.
예 <u>음산한</u> 날씨가 말끔히 개었다.
「2」 분위기 따위가 을씨년스럽고 썰렁하다.
예 그는 이 <u>음산한</u> 분위기를 빨리 깨뜨리고 싶었다.

★ 2019 수능 청각의 시각화를 통해 <u>음산한</u> 시적 상황을 조성하고 있다.

ⓤ 을씨년스럽다: 보기에 날씨나 분위기 따위가 몹시 스산하고 쓸쓸한 데가 있다.

의미심장하다
뜻 意 | 맛 味 | 깊을 深 | 길 長

뜻이 매우 깊다.
예 그는 <u>의미심장하게</u> 사람들을 바라보았다.

추상적
뺄 抽 | 형상 象 | 과녁 的

어떤 사물이 직접 경험하거나 지각할 수 있는 **일정한 형태와 성질을 갖추고 있지 않은. 또는 그런 것.**
예 학생들은 <u>추상적</u> 개념을 설명하는 선생님의 말을 이해하기 어려웠다.

더알기 '추상적'에서 '–적'은 '그 성격을 띠는', '그에 관계된', '그 상태로 된'의 뜻을 더하는 말이다.
예 근본적 | 기본적 | 적극적

함축적
머금을 含 | 쌓을 蓄 | 과녁 的

말이나 글이 어떤 뜻을 속에 담고 있는. 또는 그런 것.
예 나는 시에 쓰인 시어의 <u>함축적</u> 의미를 파악했다.

★ 2018 수능 [A]는 '난'과 함께한 작가의 정신세계를 <u>함축적</u>으로 제시한다.

비유 견줄 比 | 비유할 喻	어떤 현상이나 사물을 직접 설명하지 않고 다른 비슷한 현상이나 사물에 빗대어서 설명하는 일. 예 내 누님같이 생긴 꽃이여.(서정주, 「국화 옆에서」) → '꽃'을 '누님'에 빗대어 설명함.	더알기 비유는 표현하려는 대상을 선명하게 드러내어 참신하고 생생한 느낌을 전달하는 표현 방법이다.
원관념 으뜸 元 | 볼 觀 | 생각할 念	비유에서 표현하고자 하는 대상. 예 내 마음은 호수요.(김동명, 「내 마음은」) 나는 찬밥처럼 방에 담겨(기형도, 「엄마 걱정」)	
보조 관념 기울 補 | 도울 助 | 볼 觀 | 생각할 念	비유에서 원관념의 뜻이나 분위기가 잘 드러나도록 도와주는 것으로, 빗대어 표현한 대상. 예 내 마음은 호수요.(김동명, 「내 마음은」) 나는 찬밥처럼 방에 담겨(기형도, 「엄마 걱정」)	

■ 한자 성어 | 관용구 | 속담 '머리'와 관련이 있는 관용구

머리가 굳다	「1」 사고방식이나 사상 따위가 완고하다. 예 내가 너무 머리가 굳어서 그런지 젊은 너를 이해할 수가 없다. 「2」 기억력 따위가 무디다. 예 오십 살이 넘으니 머리가 굳어서 어제 일도 잘 생각나지 않는다.	더알기 '완고(頑固)하다'는 융통성이 없이 올곧고 고집이 세다는 뜻이다.
머리가 굵다	어른처럼 생각하거나 판단하게 되다. 예 아이들이 이제 머리가 굵었다고 말을 잘 안 듣는다.	더알기 같은 의미의 관용구로 '머리가 크다'라는 말이 있다.
머리를 맞대다	어떤 일을 의논하거나 결정하기 위하여 서로 마주 대하다. 예 나는 동생과 머리를 맞대고 대책을 생각했다.	
머리 위에 앉다	「1」 상대방의 생각이나 행동을 꿰뚫다. 예 적은 아군의 머리 위에 앉아 전술을 펼쳤다. 「2」 잘난 체하며 남을 업신여기다. 예 그는 사람들 머리 위에 앉아 상전처럼 행동했다.	더알기 '머리 위에 앉다'에서 '위'라는 말 대신 '꼭대기'라는 말을 넣어 '머리 꼭대기에 앉다'라는 말로도 흔히 쓰인다.

01~04 밑줄 친 어휘의 뜻을 〈보기〉에서 찾아 번호를 쓰시오.

> 〈보기〉
> ① 겸연쩍고 부끄럽다.
> ② 본래의 특색을 드러내지 못하고 보잘것없다.
> ③ 말이나 글이 어떤 뜻을 속에 담고 있는. 또는 그런 것.
> ④ 어떤 사물이 직접 경험하거나 지각할 수 있는 일정한 형태와 성질을 갖추고 있지 않은. 또는 그런 것.

01 그녀가 어찌나 고운지 선녀들도 <u>무색하게</u> 될 지경이었다.

(   )

02 무대 위에서 넘어진 수빈이는 <u>무색하여</u> 얼른 그곳을 빠져나왔다.

(   )

03 시는 문학의 갈래 중에서 가장 <u>함축적인</u> 표현이 강조되는 분야라 할 수 있다.

(   )

04 이번에 당선된 전교 회장의 공약은 <u>추상적이지</u> 않고 구체적이다.

(   )

05~08 다음 뜻에 해당하는 관용구를 찾아 바르게 연결하시오.

05 상대방의 생각이나 행동을 꿰뚫다.   •   • ㉠ 머리가 굳다

06 사고방식이나 사상 따위가 완고하다.   •   • ㉡ 머리가 굵다

07 어른처럼 생각하거나 판단하게 되다.   •   • ㉢ 머리를 맞대다

08 어떤 일을 의논하거나 결정하기 위하여 서로 마주 대하다. •   • ㉣ 머리 위에 앉다

09~11 빈칸에 들어갈 어휘를 〈보기〉에서 찾아 문맥에 맞게 쓰시오.

보기

| 과시하다 | 음산하다 | 의미심장하다 |

09 나는 나뭇잎이 흩날리는 ( ) 늦가을의 정경이 싫다.

10 그는 가볍게 여겨도 될 일을 ( ) 해석하여 고민하고 있다.

11 그 천재적 음악가는 세계적인 무대에서 자신의 실력을 마음껏 ( ) 있었다.

12~13 다음 문장에 어울리는 어휘를 고르시오.

12 네 (소임 | 소행)이 괘씸해서 이번 일을 쉽게 용서해 줄 수가 없다.

13 옛 친구를 만나자 잊고 지냈던 고향 마을이 눈앞에 (선연히 | 공교롭게) 떠올랐다.

✅ **개념 확인**

14~16 빈칸에 들어갈 어휘를 쓰시오.

14 어떤 현상이나 사물을 직접 설명하지 않고 다른 비슷한 현상이나 사물에 빗대어서 설명하는 일을
( )라고 한다.

15 '교실은 흐드러진 장미밭이다.'라는 시구에서 원관념은 ( )이다.

16 '배춧잎 같은 발소리 타박타박'이라는 시구에서 보조 관념은 ( )이다.

📋 맞힌 개수	( ) / 16문항
☑ 복습할 어휘	

📕 필수 어휘

거처 살 居 ㅣ곳 處	일정하게 자리를 잡고 사는 일. 또는 그 장소. 예 그는 직장 근처로 <u>거처</u>를 옮겼다.	🍲 **거소(居所):** 살고 있는 곳.
다독이다	남의 약한 점을 따뜻이 어루만져 감싸고 달래다. 예 형이 동생을 <u>다독여</u> 줄 줄도 알아야지.	
문인 글월 文ㅣ사람 人	「1」 문필에 종사하는 사람. 예 그는 우리 시대 최고의 <u>문인</u>이다. 「2」 문관의 관직에 있는 사람. 예 조선 시대에는 <u>문인</u>이 무인보다 더 대우를 받았다.	⭐ **2019 수능** 「일동장유가」에는 화자와 일본인 <u>문인</u> 사이의 필담 장면이 기술되어 있다. ➕ **문필가(文筆家):** 글을 지어 발표하는 일을 전문으로 하는 사람. 🔄 **무인(武人):** ① 무사인 사람. 곧 무예를 닦은 사람. ② 무관의 관직에 있는 사람.
생경하다 날 生ㅣ굳을 硬	익숙하지 않아 어색하다. 예 낯선 세계의 풍경이 내게 <u>생경한</u> 느낌으로 다가왔다.	
유용하다 있을 有ㅣ쓸 用	쓸모가 있다. 예 도서 목록은 책을 찾는 데 아주 <u>유용하다</u>.	⭐ **2017 수능** 검색 광고는 이용자들에게 마치 <u>유용한</u> 정보인 것 같은 착각을 일으킨다. 🔄 **무용(無用)하다:** 쓸모가 없다.
이변 다를 異ㅣ변할 變	예상하지 못한 사태나 괴상한 변고. 예 이번 시합에서는 많은 <u>이변</u>이 일어났다.	➕ **변고(變故):** 갑작스러운 재앙이나 사고.
청승맞다	궁상스럽고 처량하여 보기에 몹시 언짢다. 예 그는 홀로 <u>청승맞게</u> 빈집을 지키고 있다.	📗 **더알기** '청승맞다'의 '-맞다'는 '그것을 지니고 있음'의 뜻을 더하는 말이다. 예 능글맞다ㅣ방정맞다ㅣ쌀쌀맞다 ➕ **궁상(窮狀)맞다:** 꾀죄죄하고 초라하다.
혹평 혹독할 酷ㅣ품평 評	몹시 모질고 혹독하게 평가함. 예 나는 그에게 <u>혹평</u>을 받고 눈물이 났다.	🔄 **호평(好評):** 좋게 평가함. 또는 그런 평판이나 평가. 🍲 **악평(惡評):** 나쁘게 평가함. 또는 그런 평판이나 평가.

은유법 숨을 隱 | 비유할 喩 | 법도 法	'A는 B이다.' 또는 'A의 B'의 형식으로 암시적으로 비유하는 표현 방법. 예 교실은 온통 별밭이다.(오세영, 「별처럼 꽃처럼」) 달은 / 마음의 숫돌(함민복, 「달」)	
직유법 곧을 直 | 비유할 喩 | 법도 法	비슷한 성질이나 모양을 가진 두 사물을 '같이', '처럼', '듯이'와 같은 연결어로 결합하여 직접 비유하는 표현 방법. 예 구름에 달 가듯이 / 가는 나그네.(박목월, 「나그네」) 꽃가루와 같이 부드러운 고양이의 털(이장희, 「봄은 고양이로다」)	
의인법 비길 擬 | 사람 人 | 법도 法	사람이 아닌 것을 사람에 빗대어 사람이 행동하는 것처럼 표현하는 방법. 예 말갛게 씻은 얼굴 고운 해야 솟아라.(박두진, 「해」) 해님이 웃는다 / 나 보고 웃는다.(윤동주, 「햇비」)	더알기 의인법과 헷갈리기 쉬운 표현법으로 활유법이 있다. 활유법은 '울음 우는 바다'와 같이 무생물을 생물인 것처럼, 감정이 없는 것을 감정이 있는 것처럼 표현하는 방법이다.

■ 한자 성어 | 관용구 | 속담 '사랑, 그리움'과 관련이 있는 한자 성어

오매불망 깰 寤 | 잠잘 寐 | 아닐 不 | 잊을 忘	자나 깨나 잊지 못함. 예 그렇게도 오매불망 그리워하던 그 사람을 만났다.	
일일여삼추 하나 一 | 날 日 | 같을 如 | 석 三 | 가을 秋	하루가 삼 년 같다는 뜻으로, 몹시 애태우며 기다림을 이르는 말. 예 그녀는 일일여삼추로 애타게 그를 기다렸다.	더알기 '삼추'는 세 해의 가을이라는 의미로, 긴 세월을 비유적으로 이르는 말이다.
일편단심 하나 一 | 조각 片 | 붉을 丹 | 마음 心	한 조각의 붉은 마음이라는 뜻으로, 진심에서 우러나오는 변치 아니하는 마음을 이르는 말. 예 신하들은 어린 임금을 일편단심으로 섬겼다.	
학수고대 학 鶴 | 머리 首 | 힘쓸 苦 | 기다릴 待	학의 목처럼 목을 길게 빼고 간절히 기다림. 예 그는 집에서 편지가 오기를 학수고대 바라고 있었다.	

01~04 빈칸에 들어갈 어휘를 〈보기〉에서 찾아 쓰시오.

〈보기〉

| 거처 | 무인 | 문인 | 이변 | 호평 | 혹평 |

01 이 집은 난방이 되지 않아서 여름에만 ☐☐가 가능하다.

02 그 지역에서 한여름에 눈이 내린 것은 역사상 유례가 없는 ☐☐이다.

03 나는 어렸을 적부터 글쓰기를 좋아해서 ☐☐이 되는 것이 꿈이었다.

04 전문가들은 그의 새 작품을 기대에 못 미치는 작품이라고 ☐☐하였다.

05~08 사다리타기를 하여 빈칸에 들어갈 한자 성어의 뜻을 〈보기〉에서 찾아 번호를 쓰시오.

〈보기〉

① 자나 깨나 잊지 못함.
② 학의 목처럼 목을 길게 빼고 간절히 기다림.
③ 진심에서 우러나오는 변치 아니하는 마음을 이르는 말.
④ 하루가 삼 년 같다는 뜻으로, 몹시 애태우며 기다림을 이르는 말.

| 오매불망 | 일일여삼추 | 일편단심 | 학수고대 |

05 (   )   **06 (   )**   **07 (   )**   **08 (   )**

09~12 〈보기〉의 글자를 조합하여 다음 뜻에 해당하는 어휘를 쓰고, 이를 활용하여 문장을 만드시오.

> 〈보기〉
>
> | 하 | 독 | 경 | 용 | 생 | 승 |
> | 맞 | 이 | 청 | 유 | 다 |

09 쓸모가 있다.

→ ☐☐☐☐ : _____

10 익숙하지 않아 어색하다.

→ ☐☐☐☐ : _____

11 궁상스럽고 처량하여 보기에 몹시 언짢다.

→ ☐☐☐☐ : _____

12 남의 약한 점을 따뜻이 어루만져 감싸고 달래다.

→ ☐☐☐☐ : _____

✓ 개념 확인

13~15 다음 시구에 나타난 표현법을 〈보기〉에서 찾아 쓰시오.

> 〈보기〉
>
> 직유법   은유법   의인법

13 뒷문 밖에는 갈잎의 노래(김소월, 「엄마야 누나야」)   _____

14 살 껍질처럼 발에 달라붙어 떨어지지 않던 / 검정 양말을 벗고(김기택, 「맨발」)   _____

15 구름은 / 보랏빛 색지 위에 / 마구 칠한 한 다발 장미(김광균, 「데생」)   _____

| 🔲 맞힌 개수 | (   ) / 15문항 |
| 🔳 복습할 어휘 | |

📖 필수 어휘

까마득하다	「1」 거리가 매우 멀어 보이는 것이나 들리는 것이 희미하다. 예 절벽 끝에서 아래를 내려다보니 <u>까마득했다</u>. 「2」 시간이 아주 오래되어 기억이 희미하다. 예 모든 일이 이제는 <u>까마득하게</u> 지워진 과거일 뿐이다.	★ 2011 수능 나도 이미 길이 끝난 줄 / 까마득하게 잊어버리고 한참이나 거기 멈춰 서 있었지요.(김명인, 「그 나무」)
노쇠하다 늙을 老 | 쇠할 衰	늙어서 쇠약하고 기운이 별로 없다. 예 그 말은 너무 <u>노쇠하여</u> 경주마로 쓰지 못한다.	
다분하다 많을 多 | 나눌 分	그 비율이 어느 정도 많다. 예 동생은 낙천적인 성향이 <u>다분하다</u>.	⊕ 농후(濃厚)하다: ① 맛, 빛깔, 성분 따위가 매우 짙다. ② 어떤 경향이나 기색 따위가 뚜렷하다.
무료 없을 無 | 즐길 聊	흥미 있는 일이 없어 심심하고 지루함. 예 나는 <u>무료</u>를 달래 줄 재미있는 일을 찾았다.	⊕ 무료(無料): 요금이 없음.
미묘하다 작을 微 | 묘할 妙	뚜렷하지 않고 야릇하고 묘하다. 예 건물 안으로 들어서자 <u>미묘한</u> 긴장감이 감돌았다.	⊕ 이상(異常)야릇하다: 정상적이지 않고 별나며 괴상하다.
상기 위 上 | 기운 氣	흥분이나 부끄러움으로 얼굴이 붉어짐. 예 동생의 볼이 살짝 <u>상기</u>가 되었다.	
인기척	사람이 있음을 알 수 있게 하는 소리나 기색. 예 그는 갑작스러운 <u>인기척</u>에 놀랐다.	⊕ 인적(人跡): 사람의 발자취. 또는 사람의 왕래.
황폐하다 거칠 荒 | 폐할 廢	「1」 집, 토지, 삼림 따위가 거칠어져 못 쓰게 되다. 예 그들은 <u>황폐한</u> 땅을 숲으로 가꾸기 시작하였다. 「2」 정신이나 생활 따위가 거칠어지고 메말라 가다. 예 비속어의 사용은 우리의 정신을 <u>황폐하게</u> 만든다.	⊕ 비옥(肥沃)하다: 땅이 양분이 많고 기름지다.

상징 형상 象 | 부를 徵	추상적인 것을 구체적인 사물로 나타내는 표현 방식. 예 우리가 눈발이라면 / 허공에서 쭈빗쭈빗 흩날리는 / 진눈깨비는 되지 말자.(안도현, 「우리가 눈발이라면」 → '진눈깨비'는 어려운 사람들을 더 힘들게 하는 부정적인 존재'를 상징함.)	**더알기** 상징은, 표현하려는 대상은 겉으로 드러나지 않고 그것을 대신하여 표현한 대상만 드러나므로 다양한 의미로 해석될 수 있다.
시조 때 時 | 고를 調	고려 말기부터 발달하여 온 우리나라 고유의 정형시. **시조의 기본 형식** • 일반적으로 3장(초장, 중장, 종장) 6구 45자 내외의 형태를 지님. • 3글자 또는 4글자가 짝을 이룬 3·4조 또는 4·4조의 형식(음수율)을 지님. • 각 장은 4개의 마디로 끊어 읽을 수 있는 4음보의 운율을 지님. • 종장의 첫 음보는 3글자로 고정되어 있음.	**더알기** 평시조는 기본 형식을 지닌 시조이고, 사설시조는 초장, 중장이 제한 없이 길고 종장도 길어진 시조이다.

■ 한자 성어 | 관용구 | 속담　'인품, 능력'과 관련이 있는 속담

뛰는 놈 위에 나는 놈 있다	아무리 재주가 뛰어나다 하더라도 그보다 더 뛰어난 사람이 있다는 뜻으로, 스스로 뽐내는 사람을 경계하여 이르는 말. 예 뛰는 놈 위에 나는 놈 있다는 생각으로 자만심을 버려야 한다.	**더알기** 같은 의미의 속담으로 '기는 놈 위에 나는 놈 있다', '나는 놈 위에 타는 놈 있다'가 있다.
물이 깊어야 고기가 모인다	자기에게 덕망이 있어야 사람들이 따르게 됨을 비유적으로 이르는 말. 예 물이 깊어야 고기가 모인다고 평소 덕을 쌓고 올바른 삶을 살면 사람들이 너를 좋아하게 될 거야.	
물이 깊을수록 소리가 없다	덕이 높고 생각이 깊은 사람은 겉으로 떠벌리고 잘난 체하거나 뽐내지 않는다는 말. 예 물이 깊을수록 소리가 없듯 생각이 깊은 사람은 잘난 체하지 않는다.	
벼 이삭은 익을수록 고개를 숙인다	교양이 있고 수양을 쌓은 사람일수록 겸손하고 남 앞에서 자기를 내세우려 하지 않는다는 것을 비유적으로 이르는 말. 예 벼 이삭은 익을수록 고개를 숙인다고 김 박사는 많은 업적을 쌓았으면서도 항상 겸손하다.	
오르지 못할 나무는 쳐다보지도 마라	자기의 능력 밖의 불가능한 일에 대해서는 처음부터 욕심을 내지 않는 것이 좋다는 말. 예 그것은 네가 할 수 있는 일이 아니야. 속담에도 오르지 못할 나무는 쳐다보지도 말라고 하지 않았니?	

01~05 다음 속담의 뜻을 〈보기〉에서 찾아 번호를 쓰시오.

〔보기〕

① 자기에게 덕망이 있어야 사람들이 따르게 됨을 비유적으로 이르는 말.
② 덕이 높고 생각이 깊은 사람은 겉으로 떠벌리고 잘난 체하거나 뽐내지 않는다는 말.
③ 자기의 능력 밖의 불가능한 일에 대해서는 처음부터 욕심을 내지 않는 것이 좋다는 말.
④ 교양이 있고 수양을 쌓은 사람일수록 겸손하고 남 앞에서 자기를 내세우려 하지 않는다는 것을 비유적으로 이르는 말.
⑤ 아무리 재주가 뛰어나다 하더라도 그보다 더 뛰어난 사람이 있다는 뜻으로, 스스로 뽐내는 사람을 경계하여 이르는 말.

01 물이 깊을수록 소리가 없다 (   )

02 물이 깊어야 고기가 모인다 (   )

03 뛰는 놈 위에 나는 놈 있다 (   )

04 벼 이삭은 익을수록 고개를 숙인다 (   )

05 오르지 못할 나무는 쳐다보지도 마라 (   )

06~08 빈칸에 들어갈 어휘를 〈보기〉에서 찾아 문맥에 맞게 쓰시오.

〔보기〕

까마득하다   노쇠하다   황폐하다

06 수평선 저 끝으로 작은 섬이 (   ) 보였다.

07 따뜻한 말 한마디가 (   ) 사람의 마음에 감동을 불러일으킬 수 있다.

08 할아버지께서는 (   ) 몸을 이끌고 친구 분을 만나러 읍내까지 외출하셨다.

09~11 빈칸에 알맞은 말을 넣어 밑줄 친 어휘의 뜻을 완성하시오.

09 허풍쟁이인 그의 말에는 과장기가 <u>다분하다</u>.
　　→ 그 비율이 어느 정도 (　　　　　　).

10 친하면서도 라이벌인 두 사람의 관계는 참으로 <u>미묘하다</u>.
　　→ 뚜렷하지 않고 야릇하고 (　　　　　　).

11 그녀는 황급히 오느라고 얼굴이 몹시 <u>상기</u>되어 있었다.
　　→ 흥분이나 (　　　　　　)으로 얼굴이 (　　　　　　).

12~13 제시된 초성을 참고하여 다음 뜻에 해당하는 어휘를 쓰시오.

12 ㅁㄹ : 흥미 있는 일이 없어 심심하고 지루함.　　＿＿＿＿＿＿＿＿＿

13 ㅇㄱㅊ : 사람이 있음을 알 수 있게 하는 소리나 기색.　＿＿＿＿＿＿＿＿＿

✅ **개념 확인**
14~16 다음 설명이 맞으면 ○에, 그렇지 않으면 ×에 표시하시오.

14 상징은 구체적인 것을 추상적인 사물로 표현하는 방식이다.　(○ , ×)

15 상징은 원관념은 드러나지 않고 보조 관념만 드러나므로 다양한 의미로 해석될 수 있다. (○ , ×)

16 시조는 고려 말기부터 발달해 온 우리나라 고유의 자유시이다.　(○ , ×)

📝 맞힌 개수	(　　　　　) / 16문항
☑ 복습할 어휘	

📘 필수 어휘

격분 과격할 激 | 성낼 忿	몹시 분하고 노여운 감정이 북받쳐 오름. 예 나는 치밀어 오르는 <u>격분</u>을 참지 못했다.	➕ **격노(激怒)**: 몹시 분하고 노여운 감정이 북받쳐 오름.
도량 법도 度 | 헤아릴 量	사물을 너그럽게 용납하여 처리할 수 있는 넓은 마음과 깊은 생각. 예 그는 <u>도량</u>이 넓은 사람이다.	🔁 **아량(雅量)**: 너그럽고 속이 깊은 마음씨.
빙자 기댈 憑 | 깔개 藉	말막음을 위하여 핑계로 내세움. 예 생일잔치를 <u>빙자</u>로 그 일을 처리하지 못했다는 네 말은 받아들일 수 없다.	
시비 옳을 是 | 그를 非	「1」 옳음과 그름. 예 이 일은 <u>시비</u>를 자세히 따져 보아야 한다. 「2」 옳고 그름을 따지는 말다툼. 예 모든 일에 <u>시비</u>를 거는 이유가 무엇이냐?	
요행 요행 僥 | 요행 倖	뜻밖에 얻는 행운. 예 그는 <u>요행</u>을 바라고 복권을 샀다.	➕ **다행(多幸)**: 뜻밖에 일이 잘되어 운이 좋음.
첩첩산중 겹쳐질 疊 | 겹쳐질 疊 | 산 山 | 가운데 中	여러 산이 겹치고 겹친 산속. 예 그는 <u>첩첩산중</u>에서 길을 잃었다.	
허구성 빌 虛 | 얽을 構 | 성질 性	사실에서 벗어나 만들어진 모양이나 요소를 가지는 성질. 예 소설의 대표적인 특성은 <u>허구성</u>이다.	⭐ **2018 수능** 허구적인 이야기라도 사람의 일에 연관된다면 이를 두고 괴이한 것이라고 볼 수만은 없다.
회심 모일 會 | 마음 心	마음에 흐뭇하게 들어맞음. 또는 그런 상태의 마음. 예 그는 얼굴에 <u>회심</u>의 미소를 지었다.	**더알기** '회심'은 주로 '회심의' 꼴로 쓰인다.

소설
작을 小 | 말씀 說

현실에 있음 직한 일을 작가가 상상하여 꾸며 쓴 산문 문학.

소설의 특성

- 허구성 사실이 아닌 꾸며 낸 이야기임.
- 개연성 실제로 있을 법한 이야기를 다룸.
- 서사성 인물, 사건, 배경 등을 갖추고 사건이 일정한 시간의 흐름에 따라 전개됨.
- 모방성 배경이 되는 현실의 삶의 모습이나 시대의 특성을 반영함.
- 진실성 삶의 진실을 추구하고 바람직한 인간의 모습을 담음.

더알기 소설은 분량에 따라 단편·중편·장편 소설로 나뉘고, 창작 시기에 따라 고전 소설·현대 소설로 나뉜다.

갈등
칡 葛 | 등나무 藤

문학 작품에서 인물의 마음속 생각이나 인물들 간의 관계가 대립되어 뒤엉킨 상태.

갈등의 종류

- 내적 갈등 한 인물의 마음속에서 일어나는 갈등.
- 외적 갈등 인물과 인물, 혹은 그를 둘러싼 외부 환경 사이에서 일어나는 갈등.

더알기 갈등은 이야기의 긴장감을 조성하고 독자의 흥미와 관심을 불러일으키며 인물의 성격을 뚜렷하게 드러내는 역할을 한다.

구성
얽을 構 | 이룰 成

문학 작품에서 형상화를 위한 여러 요소들을 밀접한 관련성을 가지고 배열하거나 서술하는 일.

소설의 구성

- 발단 인물과 배경이 소개되고 사건의 실마리가 드러남.
- 전개 인물 간의 갈등과 대립이 시작됨.
- 위기 갈등이 깊어지고 긴장감이 조성됨.
- 절정 갈등이 최고조에 이르며 사건 해결의 실마리가 제시됨.
- 결말 갈등이 해결되고 주인공의 운명이 결정됨.

더알기 소설은 갈등의 심화와 해결 과정에 따라 대체로 5단 구성으로 이루어진다.

■ **한자 성어 | 관용구 | 속담** '욕심, 지나침'과 관련이 있는 한자 성어

견물생심
볼 見 | 물건 物 | 날 生 | 마음 心

어떠한 실물을 보게 되면 그것을 가지고 싶은 욕심이 생김.
예 상점에 가면 견물생심이라고 과소비를 하게 된다.

과유불급
지날 過 | 오히려 猶 | 아닐 不 | 미칠 及

정도를 지나침은 미치지 못함과 같다는 뜻으로, 중용(中庸)이 중요함을 이르는 말.
예 과유불급이라고, 너무 깊숙이 파고들어 가는 게 좋을 리 없다.

더알기 '중용'은 지나치거나 모자라지 아니하고 한쪽으로 치우치지도 아니한, 떳떳하며 변함이 없는 상태나 정도를 의미한다.

교각살우
바로잡을 矯 | 뿔 角 | 죽일 殺 | 소 牛

소의 뿔을 바로잡으려다가 소를 죽인다는 뜻으로, 잘못된 점을 고치려다 그 방법이나 정도가 지나쳐 오히려 일을 그르침을 이르는 말.
예 우리는 이번 사건에서 교각살우의 잘못을 저지르지 말아야 한다.

소탐대실
작을 小 | 탐할 貪 | 큰 大 | 잃을 失

작은 것을 탐하다가 큰 것을 잃음.
예 눈앞의 결과만 중시하다가는 소탐대실의 잘못을 범할 수 있다.

01~05 다음 십자말풀이를 완성하시오.

01	02			03
		04		
05				

┌─가로─
01 사실에서 벗어나 만들어진 모양이나 요소를 가지는 성질.
04 마음에 흐뭇하게 들어맞음. 또는 그런 상태의 마음.
05 작은 것을 탐하다가 큰 것을 잃음.

┌─세로─
02 문학 작품에서 형상화를 위한 여러 요소들을 밀접한 관련성을 가지고 배열하거나 서술하는 일.
03 어떠한 실물을 보게 되면 그것을 가지고 싶은 욕심이 생김.
05 현실에 있음 직한 일을 작가가 상상하여 꾸며 쓴 산문 문학.

06~09 다음 어휘의 뜻을 찾아 바르게 연결하시오.

06 격분 •
• ㉠ 뜻밖에 얻는 행운.

07 도량 •
• ㉡ 말막음을 위하여 핑계로 내세움.

08 빙자 •
• ㉢ 몹시 분하고 노여운 감정이 북받쳐 오름.

09 요행 •
• ㉣ 사물을 너그럽게 용납하여 처리할 수 있는 넓은 마음과 깊은 생각.

10~13 〈보기〉의 글자를 조합하여 다음 뜻에 해당하는 어휘를 쓰시오.

보기

첩	과	시	우	불	각	급
유	중	교	산	살	비	

10 여러 산이 겹치고 겹친 산속. _____

11 옳음과 그름. 옳음과 그름을 따지는 말다툼. _____

12 정도를 지나침은 미치지 못함과 같다는 뜻으로, 중용이 중요함을 이르는 말. _____

13 소의 뿔을 바로잡으려다가 소를 죽인다는 뜻으로, 잘못된 점을 고치려다가 그 방법이나 정도가 지나쳐 오히려 일을 그르침을 이르는 말. _____

✔ 개념 확인

14~16 빈칸에 들어갈 어휘를 쓰시오.

14 ☐☐은 문학 작품에서 인물의 마음속 생각이나 인물들 간의 관계가 ☐☐되어 뒤엉킨 상태를 의미한다.

15 갈등의 종류에는 ☐☐ 갈등과 ☐☐ 갈등이 있다.

16 소설은 갈등의 심화와 해결 과정에 따라 대체로 ☐☐, 전개, 위기, ☐☐, 결말로 이루어진다.

🗨 맞힌 개수	( ) / 16문항
☑ 복습할 어휘	

06회

공부한 날짜   월   일

■ 필수 어휘

결박
맺을 結 | 묶을 縛

몸이나 손 따위를 움직이지 못하도록 동이어 묶음.
예 형사는 체포된 범인의 결박을 풀어 주었다.

⊕ **속박(束縛)**: 어떤 행위나 권리의 행사를 자유로이 하지 못하도록 강압적으로 얽어매거나 제한함.

독창적
홀로 獨 | 만들 創 | 과녁 的

다른 것을 모방함이 없이 새로운 것을 처음으로 만들어 내거나 생각해 내는. 또는 그런 것.
예 한글은 독창적인 문자이다.

★ 2019 수능 17세기 웅명우와 방이지 등은 실증적인 서양 과학을 재해석한 독창적 이론을 제시하였다.

박탈감
벗길 剝 | 빼앗을 奪 | 느낄 感

박탈당하였다고 여기는 느낌이나 기분.
예 소외 계층이 상대적 박탈감을 느끼지 않도록 배려해야 한다.

더 알기 '박탈감'의 '–감'은 '느낌'의 뜻을 더하는 말이다.
예 우월감 | 책임감 | 초조감
⊕ **박탈(剝奪)**: 남의 재물이나 권리, 자격 따위를 빼앗음.

비수
비수 匕 | 머리 首

날이 예리하고 짧은 칼.
예 그의 싸늘한 말은 비수가 되어 내 가슴에 꽂혔다.

슬하
무릎 膝 | 아래 下

무릎의 아래라는 뜻으로, 어버이나 조부모의 보살핌 아래. 주로 부모의 보호를 받는 테두리 안을 이른다.
예 그는 노부모의 슬하를 떠나지 않고 함께 살고 있다.

⊕ 그늘: ① 어두운 부분. ② 의지할 만한 대상의 보호나 혜택.

신신당부
거듭 申 | 거듭 申 | 마땅할 當 | 부탁할 付

거듭하여 간곡히 하는 당부.
예 몸조심하라는 어머니의 신신당부를 뒤로하고 여행길에 올랐다.

자초지종
스스로 自 | 처음 初 | 이를 至 | 마칠 終

처음부터 끝까지의 과정.
예 나는 이제까지의 자초지종을 다시 그에게 설명했다.

⊕ **자초지말(自初至末)**: 처음부터 끝까지의 과정.

천연덕스럽다

시치미를 뚝 떼어 겉으로는 아무렇지 않은 체하는 태도가 있다.
예 그는 천연덕스럽게 거짓말을 했다.

인물 사람 人 | 만물 物	일정한 상황에서 어떤 역할을 하는 사람. 예 현덕의 「하늘은 맑건만」 → 문기, 수만, 삼촌 등	**더알기** 소설의 인물은 작가가 꾸며 낸 인물이지만 현실의 인간상을 반영하며, 다른 인물이나 주변의 상황과 갈등을 일으켜 사건을 전개하는 역할을 한다.

역할에 따른 인물의 유형

주동 인물	작품의 주인공으로 사건이나 행동의 주체가 되는 인물. 작품 속에서 작가가 드러내려는 주제와 같은 방향으로 움직임. 예 「춘향전」의 '춘향'
반동 인물	주동 인물과 대립하여 갈등을 일으키는 인물. 작품 속에서 작가가 드러내려는 주제에 반대되는 모습을 보임. 예 「춘향전」의 '변 사또'

사건 일 事 | 사건 件	인물이 벌이는 일과 행동. 예 박완서의 「자전거 도둑」 → 수남이 배달을 간 사이 수남의 자전거가 세찬 바람에 넘어지면서 신사의 차에 부딪히는 사고가 일어남.	**더알기** 소설에서 사건들은 서로 긴밀하게 연결되어 있다.
배경 등 背 | 경치 景	사건이 일어나고 인물이 행동하는 시간, 공간, 사회, 시대 등의 구체적 환경이나 장소. 예 박완서의 「자전거 도둑」 → 1970년대, 청계천 세운 상가를 배경으로 함.	**더알기** 인물의 말과 행동은 작품의 배경과 밀접한 관련이 있으므로, 배경을 알면 인물을 이해하는 데 도움이 된다.

■ **한자 성어 \| 관용구 \| 속담** '인품, 능력'과 관련이 있는 관용구

난다 긴다 하다	재주나 능력이 남보다 뛰어나다. 예 이번 학술회의에는 전 세계의 난다 긴다 하는 학자가 모두 참석할 예정이다.	
뒤가 깨끗하다	숨겨 둔 약점이나 잘못이 없다. 예 저 사람은 뒤가 깨끗한 사람이야.	**더알기** '뒤'는 보이지 않는 배후나 겉으로 드러나지 않는 부분을 말한다.
보는 눈이 있다	사람이나 일 따위를 평가하는 능력이 있다. 예 김 군은 사람을 보는 눈이 있습니다.	
싹수가 노랗다	잘될 가능성이나 희망이 애초부터 보이지 아니하다. 예 어린 녀석이 어른한테 말대꾸하는 것을 보니 벌써 싹수가 노랗다.	**더알기** '싹수'는 어떤 일이나 사람이 앞으로 잘될 것 같은 낌새나 징조를 말한다.

01~05 예를 참고하여 다음 뜻에 해당하는 어휘를 찾아 표시하시오. (가로, 세로, 대각선으로 표시할 것)

예 넌지시 알림. 또는 그 내용.

계	유	용	소	탐	대	실
승	암	비	수	당	부	결
시	개	념	자	형	상	박
애	인	기	척	초	황	당
독	슬	사	건	박	지	부
창	배	하	탈	속	비	종
적	경	감	경	어	지	판

01 날이 예리하고 짧은 칼.

02 처음부터 끝까지의 과정.

03 몸이나 손 따위를 움직이지 못하도록 동이어 묶음.

04 재물이나 권리, 자격 따위를 빼앗겼다고 여기는 느낌이나 기분.

05 무릎의 아래라는 뜻으로, 어버이나 조부모의 보살핌 아래. 주로 부모의 보호를 받는 테두리 안을 이른다.

06~09 사다리타기를 하여 빈칸에 들어갈 관용구의 뜻을 〈보기〉에서 찾아 번호를 쓰시오.

보기
① 숨겨 둔 약점이나 잘못이 없다.
② 재주나 능력이 남보다 뛰어나다.
③ 사람이나 일 따위를 평가하는 능력이 있다.
④ 잘될 가능성이나 희망이 애초부터 보이지 아니하다.

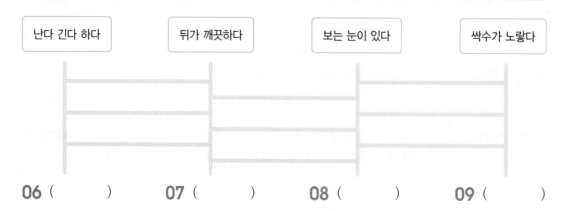

난다 긴다 하다   뒤가 깨끗하다   보는 눈이 있다   싹수가 노랗다

06 (   )   **07** (   )   **08** (   )   **09** (   )

10~12 초대장을 읽고 다음 뜻에 해당하는 어휘의 번호를 찾아 쓰시오.

> 안녕?
> 내 생일잔치에 너를 초대하려고 해. 우리 집은 동아 아파트 110동 ○○○호야. 호수는 다음 뜻에 해당하는 어휘에 적힌 숫자를 순서대로 나열해 보면 알 수 있어.
> 그럼, 이번 주 토요일에 우리 집에서 보자!
>
> | 1 | 2 | 3 | 4 | 5 |
> |---|---|---|---|---|
> | 천연덕스럽다 | 박탈 | 속박 | 신신당부 | 독창적 |

10 다른 것을 모방함이 없이 새로운 것을 처음으로 만들어 내거나 생각해 내는. 또는 그런 것.

(   )

11 시치미를 뚝 떼어 겉으로는 아무렇지 않은 체하는 태도가 있다. (   )

12 거듭하여 간곡히 하는 당부. (   )

✅ **개념 확인**

13~15 빈칸에 들어갈 어휘를 쓰시오.

13 소설 속에서 주인공과 대립하며, 작가가 드러내려는 주제와 반대되는 모습을 보이는 인물을 □□ 인물이라고 한다.

14 소설에서 인물이 벌이는 일과 행동을 □□이라고 한다.

15 소설에서 사건이 일어나고 인물이 행동하는 시간, 공간, 사회, 시대 등의 구체적 환경이나 장소를 □□이라고 한다.

○ 맞힌 개수	( ) / 15문항
☑ 복습할 어휘	

01 어휘의 사전적 의미가 바르지 <u>않은</u> 것은?

① 청량하다: 맑고 서늘하다.

② 다분하다: 그 비율이 어느 정도 많다.

③ 음산하다: 날씨가 흐리고 으스스하다.

④ 건장하다: 몸이 튼튼하고 기운이 세다.

⑤ 생경하다: 익숙하지 않아 놀랍고 신기하다.

02 〈보기〉의 밑줄 친 어휘의 의미로 적절한 것은?

> 〈보기〉
>
> 꽃으로 가득한 그의 집은 화원이 <u>무색할</u> 정도였다.

① 아무 빛깔이 없다.

② 겸연쩍고 부끄럽다.

③ 수줍거나 창피하여 볼 낯이 없다.

④ 겉으로 드러나 보이는 모습이 초라하다.

⑤ 본래의 특색을 드러내지 못하고 보잘것없다.

03 다음 글을 읽고 문맥상 어울리는 어휘를 고르시오.

> 선생님께서는 "훌륭한 예술가가 되기 위해서는 다른 사람과 구별되는 자신만의 (독창적 | 추상적 | 함축적)
> 인 시각이 필요하다."라고 말씀하셨다. 선생님의 말씀은 내가 예술 작품을 창작하려고 할 때마다 (까마득하게 |
> 미묘하게 | 의미심장하게) 다가오곤 한다.

04 밑줄 친 한자 성어의 쓰임이 적절하지 <u>않은</u> 것은?

① 그는 고향에 두고 온 가족을 <u>오매불망</u> 그리워한다.

② <u>과유불급</u>이라고 돈을 본 순간 나도 모르게 손이 갔다.

③ 십 년 만에 <u>죽마고우</u>를 만나니 여간 기쁜 게 아니로구나.

④ 옛시조에는 임금을 향한 <u>일편단심</u>을 노래한 것들이 많다.

⑤ 눈앞의 이익에만 집착하면 <u>소탐대실</u>의 잘못을 범할 수 있다.

05 〈보기〉의 빈칸에 들어갈 관용구로 가장 적절한 것은?

> 보기
>
> 대학생이 된 아들은 (   )고 의논도 하지 않고 모든 일을 혼자 결정하려고 한다.

① 머리가 굵었다   ② 머리가 굳었다   ③ 머리가 비었다

④ 머리를 맞대었다   ⑤ 머리 위에 앉았다

`2017` 수능 기출 응용

06 제시된 어휘를 사용하여 만든 문장으로 적절하지 <u>않은</u> 것은?

① 청승맞다 → 초승달만 뜬 가을밤은 <u>청승맞게</u> 느껴진다.

② 황폐하다 → 지금 농촌에는 <u>황폐한</u> 땅과 빈집이 늘어나고 있다.

③ 선연히 → 성에꽃은 아주 추운 겨울일수록 더욱 <u>선연히</u> 피어난다.

④ 공교롭다 → 내가 찬 공이 <u>공교롭게도</u> 지나가던 사람의 얼굴을 맞혔다.

⑤ 형상화 → 예술 작품을 지나치게 <u>형상화</u>하면 독자가 이해하기 어렵기 마련이다.

07 밑줄 친 관용구와 속담의 쓰임이 적절하지 <u>않은</u> 것은?

① 현석이는 미술을 전공해서 그림을 <u>보는 눈이 있다</u>.

② 어린아이가 그런 행동을 하는 것을 보니 <u>싹수가 노랗다</u>.

③ 우철이가 아무리 트집을 잡으려 해도 형식이는 <u>뒤가 깨끗했다</u>.

④ 지금은 네가 제일 잘난 것 같겠지만 언제나 <u>뛰는 놈 위에 나는 놈 있다</u>는 걸 알아야 한다.

⑤ <u>벼 이삭은 익을수록 고개를 숙인다</u>고, 이번에 새로 뽑힌 회장의 덕망이 높아서 그 동아리는 올해 회원 수도 부쩍 늘고 활동도 나날이 활발해지고 있다.

08 ⓐ~ⓔ의 뜻으로 적절하지 <u>않은</u> 것은?

> 그는 자신의 불행한 처지를 ⓐ<u>푸념</u>하듯 이야기했다. 그는 어려운 가정 형편으로 어린 시절부터 부모 슬하를 떠나 살았기 때문에 다른 친구들과 비교하여 상대적인 ⓑ<u>박탈감</u>이 컸다고 털어놓았다. 그래서 지금도 부모님께 함부로 행동하는 친구들을 보면 ⓒ<u>격분</u>을 참지 못한다고 했다. 나는 그가 지금까지 살아온 ⓓ<u>자초지종</u>을 듣고 나서야 그의 행동을 비로소 이해하고 그를 ⓔ<u>다독일</u> 수 있었다.

① ⓐ: 마음속에 품은 불평을 늘어놓음. 또는 그런 말.

② ⓑ: 재물이나 권리, 자격 따위를 빼앗겼다고 여기는 느낌이나 기분.

③ ⓒ: 자기나 남의 잘못에 대하여 꾸짖어 책망함.

④ ⓓ: 처음부터 끝까지의 과정.

⑤ ⓔ: 남의 약한 점을 따뜻이 어루만져 감싸고 달램.

> ❝
> ## 각주구검
> 새길 刻 | 배 舟 | 구할 求 | 검 劍
>
> 융통성 없이 현실에 맞지 않는 낡은 생각을 고집하는 어리석음을 이르는 말. 중국 춘추 시대 초나라 사람이 배에서 칼을 물속에 떨어뜨리고 그 위치를 뱃전에 표시하였다가 나중에 배가 움직인 것을 생각하지 않고 칼을 찾았다는 데서 유래한다.
> ❞

초나라 사람이 배를 타고 강을 건널 때의 일이다.

검을 떨어뜨린
자리를 표시해 두었으니,
나루터에 도착해서
찾아야겠군.

한참 후, 배는 건너편 나루터에 도착하였다.

거 차례 좀
지킵시다!

분명 표시한
자리 밑을 찾아봤는데,
내 검이 어디 간 거지?

물귀신인가?

검은 지나온 물속에 있는데
어떻게 검을 찾을 수 있겠는가.

각주구검의 사례로는 무엇이 있을까?

이거 하나 사면
하나 더 주는 행사 중이라서
하나 더 드릴게요.

아니요. 그러실 필요 없어요.
저는 늘 한 개만 사요.
두 개는 필요 없어요.

하나 더 주는 상품이라는데
받아서 하나는 내일 먹으면 되지.
무슨 고집이람.

필수 어휘

결의 결정할 決 | 뜻 意	뜻을 정하여 굳게 마음을 먹음. 또는 그런 마음. 예 축구 국가 대표팀은 결승의 <u>결의</u>를 다졌다.	유 **결심(決心)**: 할 일에 대하여 어떻게 하기로 마음을 굳게 정함. 또는 그런 마음.
기묘하다 기이할 奇 | 묘할 妙	생김새 따위가 이상하고 묘하다. 예 그 산에는 <u>기묘하게</u> 생긴 바위가 있다.	반 **범상(凡常)하다**: 중요하게 여길 만하지 아니하고 예사롭다.
낙향 떨어질 落 | 시골 鄕	시골로 거처를 옮기거나 이사함. 예 나는 <u>낙향</u>을 하여 농사를 짓기 시작했다.	
모름지기	사리를 따져 보건대 마땅히. 또는 반드시. 예 <u>모름지기</u> 학생은 공부를 열심히 해야 한다.	
불호령	몹시 심하게 하는 꾸지람. 예 나의 잘못을 알게 되신 아버지의 <u>불호령</u>이 떨어졌다.	더 알기 '불호령'에서 '불-'은 '몹시 심한'의 뜻을 더하는 말이다. 예 **불가물 | 불깍쟁이 | 불상놈** 유 **불벼락**: 호된 꾸중이나 책망을 비유적으로 이르는 말.
승화 오를 昇 | 빛날 華	「1」 어떤 현상이 더 높은 상태로 발전하는 일. 예 미움이 용서와 화해의 감정으로 <u>승화</u>가 되다. 「2」 고체에 열을 가하면 액체가 되는 일이 없이 곧바로 기체로 변하는 현상. 또는 그 반대의 변화 과정. 예 드라이아이스는 <u>승화</u> 작용을 하는 물질이다.	★ 2015 수능 윗글은 [자료 2]처럼 '아내'의 죽음을 종교적 상징으로 <u>승화</u>하고 있는 관점을 이어 간 작품이군.
신출귀몰 귀신 神 | 날 出 | 귀신 鬼 | 잠길 沒	귀신같이 나타났다가 사라진다는 뜻으로, 그 움직임을 쉽게 알 수 없을 만큼 자유자재로 나타나고 사라짐을 비유적으로 이르는 말. 예 범인은 <u>신출귀몰</u>의 재주를 가진 사람이다.	
천대 천할 賤 | 대접할 待	「1」 업신여기어 천하게 대우하거나 푸대접함. 예 그는 <u>천대</u>와 구박을 받았지만 꿋꿋하게 견뎠다. 「2」 함부로 다루거나 마구 굴림. 예 민들레 같은 꽃은 어디서나 흔히 볼 수 있기에 <u>천대</u>를 받는 꽃이다.	유 **괄대(恝待)**: 업신여겨 소홀히 대접함. 또는 그런 대접. 유 **냉대(冷待)**: 정성을 들이지 않고 아무렇게나 하는 대접. 유 **박대(薄待)**: ① 정성을 들이지 않고 아무렇게나 하는 대접. ② 인정 없이 모질게 대함. 반 **후대(厚待)**: 아주 잘 대접함. 또는 그런 대접.

고전 소설 옛 古 | 법 典 | 작을 小 | 말씀 說	19세기 이전에 창작된 소설을 이르는 말. 우리나라의 경우 신소설이 나오기 전까지 창작된 소설을 이른다. **고전 소설의 특징** • 주제 권선징악(勸善懲惡)적 주제가 대부분임. • 구성 대부분 시간의 흐름에 따라 전개됨. • 인물 성격의 변화가 없는 평면적 인물과 특정 집단의 성격을 대표하는 전형적 인물이 주로 등장함. • 사건 대부분 우연적이고 비현실적임.	**더알기** 신소설은 1894년 갑오개혁 이후부터 현대 소설이 창작되기 전까지의 소설로, 봉건 질서의 타파, 개화, 계몽, 자주 독립 사상 고취 등을 주제로 하고 있다.
일대기적 구성 하나 一 | 시대 代 | 기록할 記 | 과녁 的 | 얽을 構 | 이룰 成	시간의 흐름에 따라 주인공의 일생이 순서대로 전개되는 구성. 예 허균의 「홍길동전」 → 길동이 재상가 서자로 태어나면서부터 성장하여 율도국의 왕이 되는 일생이 시간의 흐름에 따라 담겨 있음.	**더알기** 시간의 흐름이 자연적으로 흘러가는 구성 방식을 '순행적 구성'이라고도 한다.

■ **한자 성어 \| 관용구 \| 속담** '은혜'와 관련이 있는 한자 성어

각골난망 새길 刻 | 뼈 骨 | 어려울 難 | 잊을 忘	남에게 입은 은혜가 뼈에 새길 만큼 커서 잊히지 아니함. 예 제가 어렸을 때 도와주셨던 은혜는 실로 각골난망입니다.	
결초보은 맺을 結 | 풀 草 | 갚을 報 | 은혜 恩	죽은 뒤라도 은혜를 잊지 않고 갚음을 이르는 말. 예 죽어 저승에 가더라도 저희 모녀는 그분에게 반드시 결초보은할 것입니다.	**더알기** 중국 춘추 시대에, 진나라의 위과가 아버지의 첩을 개가시켜 죽지 않게 하였더니, 그 뒤 싸움터에서 그녀 아버지의 혼이 적군의 앞길에 풀을 묶어 적을 넘어뜨려 위과가 공을 세울 수 있도록 은혜를 갚았다는 데서 유래한다.
반포지효 돌이킬 反 | 먹을 哺 | 어조사 之 | 효도 孝	까마귀 새끼가 자라서 늙은 어미에게 먹이를 물어다 주는 효(孝)라는 뜻으로, 자식이 자란 후에 어버이의 은혜를 갚는 효성을 이르는 말. 예 부모를 반포지효로 모시는 것은 자식의 마땅한 도리이다.	
백골난망 흰 白 | 뼈 骨 | 어려울 難 | 잊을 忘	죽어서 백골이 되어도 잊을 수 없다는 뜻으로, 남에게 큰 은덕을 입었을 때 고마움의 뜻으로 이르는 말. 예 보살펴 주신 그 은혜가 백골난망이오.	**더알기** '백골'은 죽은 사람의 몸이 썩고 남은 뼈를 말한다.
풍수지탄 바람 風 | 나무 樹 | 어조사 之 | 탄식할 嘆	효도를 다하지 못한 채 어버이를 여읜 자식의 슬픔을 이르는 말. 예 풍수지탄이라는 말이 있듯이, 부모님이 살아 계실 때 섬기기를 다해야 할 것이다.	**더알기** '여의다'는 부모나 사랑하는 사람이 죽어서 이별하는 것을 의미한다.

01~04 제시된 초성과 뜻을 참고하여 빈칸에 들어갈 어휘를 쓰시오.

01 ㄴㅎ : 시골로 거처를 옮기거나 이사함.

예 그는 모든 것을 훌훌 털어 버리고 (　　　　　　)을 하기로 결심했다.

02 ㅊㄷ : 업신여기어 천하게 대우하거나 푸대접함.

예 그는 노비의 자식으로 태어나 온갖 (　　　　　　)를 받으며 자랐다.

03 ㅅㅎ : 어떤 현상이 더 높은 상태로 발전하는 일.

예 그의 슬픔과 괴로움이 음악으로 (　　　　　　)되었다.

04 ㄱㅇ : 뜻을 정하여 굳게 마음을 먹음. 또는 그런 마음.

예 그들은 이번 경기에서 꼭 이길 거라며 (　　　　　　)를 다졌다.

05~08 〈보기〉의 어휘를 활용하여 다음 글을 완성하시오.

보기

기묘하다	모름지기	불호령	신출귀몰

　　홍길동은 동쪽에서 나타났다가 금세 서쪽에서 나타났다. 그가 나타났다 하면 부패한 벼슬아치들의 재물이 사라졌다. 참으로 **05** (　　　　　　) 일이었다. 조정에서는 홍길동을 잡기 위해 사방팔방으로 사람을 풀었으나 **06** (　　　　　　)하는 그를 잡을 길이 없었다. 결국 홍길동을 잡아 오라는 임금의 **07** (　　　　　　)이 떨어졌다.

　　08 (　　　　　　) 사람은 나라에서 정한 법을 지키며 살아야 한다. 훔친 재물로 어려운 처지에 있는 백성을 도와주었다고 해도 그는 도둑임이 분명했다.

09~13 다음 뜻에 해당하는 한자 성어를 〈보기〉에서 찾아 쓰시오.

―〈보기〉―

각골난망   결초보은   반포지효   백골난망   풍수지탄

09 죽은 뒤에라도 은혜를 잊지 않고 갚음을 이르는 말.   _____

10 남에게 입은 은혜가 뼈에 새길 만큼 커서 잊히지 아니함.   _____

11 효도를 다하지 못한 채 어버이를 여읜 자식의 슬픔을 이르는 말.   _____

12 죽어서 백골이 되어도 잊을 수 없다는 뜻으로, 남에게 큰 은덕을 입었을 때 고마움의 뜻으로 이르는
말.   _____

13 까마귀 새끼가 자라서 늙은 어미에게 먹이를 물어다 주는 효라는 뜻으로, 자식이 자란 후에 어버이
의 은혜를 갚는 효성을 이르는 말.   _____

✔ 개념 확인

14~15 다음 설명이 맞으면 ○에, 그렇지 않으면 ×에 표시하시오.

14 고전 소설은 19세기 이전에 창작된 소설로, 우리나라의 경우 현대 소설이 나오기 전까지 모두 한문
으로 창작된 소설에 해당한다.   (○ , ×)

15 시간의 흐름에 따라 주인공의 일생이 순서대로 전개되는 소설의 구성 방식을 일대기적 구성이라고
한다.   (○ , ×)

🔲 맞힌 개수	( ) / 15문항
☑ 복습할 어휘	

필수 어휘

남루하다 헌 누더기 襤 | 헌 누더기 褸	옷 따위가 낡아 해지고 차림새가 너저분하다. 예 그의 옷차림은 늘 <u>남루하다</u>.	★ 2015 수능 의상이 <u>남루하고</u> 머리털이 흩어져 귀밑을 덮었다. 더 알기 '남루하다'의 '-하다'는 일부 명사 뒤에 붙어 형용사를 만드는 말이다. 예 건강하다 | 순수하다 | 정직하디
명분 이름 名 | 나눌 分	일을 꾀할 때 내세우는 구실이나 이유 따위. 예 <u>명분</u> 없는 싸움은 이제 그만두어야 한다.	유 명목(名目): 구실이나 이유. ➕ 명색(名色): ① 실속 없이 그럴듯하게 불리는 허울만 좋은 이름. ② 겉으로 내세우는 구실.
암전 어두울 暗 | 구를 轉	연극에서, 무대를 어둡게 한 상태에서 무대 장치나 장면을 바꾸는 일. 예 <u>암전</u>이 끝나고 다시 무대가 환해졌다.	반 명전(明轉): 연극에서, 무대를 밝게 하고 무대 장치나 장면을 바꾸는 일.
애달프다	「1」 마음이 안타깝거나 쓰라리다. 예 사랑하는 마음을 전할 수 없으니 <u>애달픈</u> 일이었다. 「2」 애처롭고 쓸쓸하다. 예 노인은 구슬프고 <u>애달픈</u> 가락으로 뱃노래를 불렀다.	
영욕 영화 榮 | 욕될 辱	영예와 치욕을 아울러 이르는 말. 예 지나고 보니 <u>영욕</u>의 세월이었다.	➕ 영예(榮譽): 영광스러운 명예. ➕ 치욕(恥辱): 수치와 모욕을 아울러 이르는 말.
장악 손바닥 掌 | 쥘 握	손안에 잡아 쥔다는 뜻으로, 무엇을 마음대로 할 수 있게 됨을 이르는 말. 예 정권 <u>장악</u>을 위해 무력을 사용해서는 안 된다.	
조신하다 잡을 操 | 몸 身	몸가짐이 조심스럽고 얌전하다. 예 설마 그 <u>조신한</u> 사람이 이런 실수를 했을라고.	
책망 꾸짖을 責 | 바랄 望	잘못을 꾸짖거나 나무라며 못마땅하게 여김. 예 나는 선생님의 <u>책망</u>이 떨어지지 않을까 불안하였다.	유 질책(叱責): 꾸짖어 나무람. ➕ 문책(問責): 잘못을 캐묻고 꾸짖음.

📕 필수 개념 문학

희곡
놀 戲 | 굽을 曲

공연을 목적으로 하는 연극의 대본.

희곡의 특징

- 등장인물의 대사와 행동을 통해 삶을 형상화함.
- 무대 상연을 전제로 하기 때문에 시간, 공간, 등장인물의 수에 제약을 받음.
- 모든 사건을 지금 눈앞에서 일어나는 것처럼 현재화하여 표현함.

> **더 알기** 희곡의 구성 단위는 '막'과 '장'이다. '막'은 연극의 단락을 세는 단위로, 한 막은 무대의 막이 올랐다가 다시 내릴 때까지이다. '장'은 막의 하위 단위로, 무대 장면이 변하지 않고 이루어지는 사건의 한 토막이다.

대사
무대 臺 | 말씀 詞

연극이나 영화 따위에서 등장인물, 즉 배우가 하는 말.

대사의 종류

- 대화 등장인물끼리 주고받는 말.
- 독백 등장인물이 상대역 없이 혼자 하는 말.
- 방백 무대 위의 다른 인물에게는 들리지 않고 관객만 들을 수 있는 것으로 약속되어 있는 말.

> **더 알기** 희곡의 형식적 요소는 '해설, 대사, 지시문'이다. 이 중 '해설'은 희곡의 첫머리에서 무대 장치, 인물, 배경 등을 설명해 주는 역할을 한다.

지시문
가리킬 指 | 보일 示 | 글월 文

희곡에서, 등장인물의 행동이나 표정, 무대의 장치, 분위기 따위를 나타내는 부분.
예 아우: (강렬한 불빛을 받고, 눈이 안 보여서 당황한다.) 누구예요?

> **더 알기** 지시문에는 무대 장치, 조명, 음악, 분위기 등을 지시하는 '무대 지시문'과 등장인물의 행동, 표정 등장과 퇴장 시기 등을 지시하는 '행동 지시문'이 있다.

📕 한자 성어 | 관용구 | 속담 '욕심'과 관련이 있는 속담

남의 손의 떡은 커 보인다

남의 것이 제 것보다 더 좋아 보인다는 뜻으로, 남의 것을 탐내는 마음을 이르는 말.
예 남의 손의 떡은 커 보인다더니 철수는 내 장난감이 더 재미있어 보인다며 자기 장난감과 바꾸자고 하였다.

닫는 사슴을 보고 얻은 토끼를 잃는다

지나치게 욕심을 부리다가 도리어 손해를 봄을 비유적으로 이르는 말.
예 닫는 사슴을 보고 얻은 토끼를 잃는다더니 더 좋은 걸 가지려고 욕심 부리다가 결국 아무것도 못 얻었구나.

> **더 알기** '닫는 사슴'에서 '닫는'은 '빨리 뛰어가는'이라는 뜻이다.

바다는 메워도 사람의 욕심은 못 채운다

아무리 넓고 깊은 바다라도 메울 수는 있지만, 사람의 욕심은 끝이 없어 메울 수 없다는 뜻으로, 사람의 욕심이 한이 없음을 비유적으로 이르는 말.
예 바다는 메워도 사람의 욕심은 못 채운다고 했으니 재물을 탐하는 그의 마음도 끝이 없겠구나.

아홉 가진 놈이 하나 가진 놈 부러워한다

욕심이 많음을 비유적으로 이르는 말.
예 아홉 가진 놈이 하나 가진 놈 부러워한다고, 집을 열 채 가지고도 남이 가진 집 한 채를 못 뺏어서 안달이다.

01~03 제시된 초성과 뜻을 참고하여 빈칸에 들어갈 어휘를 쓰시오.

01 ㅈㅅ하다: 몸가짐이 조심스럽고 얌전하다.

예 그녀는 언제나 예의 바르고 몸가짐이 (   ).

02 ㄴㄹ하다: 옷 따위가 낡아 해지고 차림새가 너저분하다.

예 그 나그네는 비쩍 마른 몰골에 행색이 (   ).

03 ㅇㄷㅍ다: 마음이 안타깝거나 쓰라리다.

예 어머니를 여의고 난 뒤에야 어머니의 사랑을 느낄 수 있다니 참으로 (   ).

04~08 다음 어휘의 뜻을 찾아 바르게 연결하시오.

04 명분 •

• ㉠ 영예와 치욕을 아울러 이르는 말.

05 암전 •

• ㉡ 일을 꾀할 때 내세우는 구실이나 이유 따위.

06 영욕 •

• ㉢ 잘못을 꾸짖거나 나무라며 못마땅하게 여김.

07 장악 •

• ㉣ 연극에서, 무대를 어둡게 한 상태에서 무대 장치나 장면을 바꾸는 일.

08 책망 •

• ㉤ 손안에 잡아 쥔다는 뜻으로, 무엇을 마음대로 할 수 있게 됨을 이르는 말.

09~12 빈칸에 알맞은 어휘를 넣어 속담을 완성하시오.

09 욕심이 많음을 비유적으로 이르는 말.

→ ☐☐ 가진 놈이 하나 가진 놈 부러워한다

10 사람의 욕심이 한이 없음을 비유적으로 이르는 말.

→ ☐☐는 메워도 사람의 ☐☐은 못 채운다

11 지나치게 욕심을 부리다가 도리어 손해를 봄을 비유적으로 이르는 말.

→ 닫는 ☐☐을 보고 얻은 ☐☐를 잃는다

12 남의 것이 제 것보다 더 좋아 보인다는 뜻으로, 남의 것을 탐내는 마음을 이르는 말.

→ 남의 ☐의 ☐은 커 보인다

✔ **개념 확인**

13~15 다음 설명이 맞으면 ○에, 그렇지 않으면 ×에 표시하시오.

13 희곡은 공연이나 상영을 목적으로 하는 연극이나 영화의 대본을 의미한다. (○ , ×)

14 희곡에서 대사는 등장인물, 즉 배우가 하는 말로 대화, 독백, 방백 등이 있다. (○ , ×)

15 지시문은 주로 희곡의 처음 부분에서 무대 장치, 인물, 배경 등을 설명해 주는 부분이다. (○ , ×)

◎ 맞힌 개수	( ) / 15문항
☑ 복습할 어휘	

필수 어휘

경멸 가벼울 輕 | 업신여길 蔑	깔보아 업신여김. 예 그는 나를 경멸이 가득한 표정으로 쳐다봤다.	유 **멸시(蔑視)**: 업신여기거나 하찮게 여겨 깔봄. 유 **모멸(侮蔑)**: 업신여기고 얕잡아 봄.
냉담 찰 冷 | 묽을 淡	「1」 태도나 마음씨가 동정심 없이 차가움. 예 나는 그의 냉담과 무관심이 매우 서운했다. 「2」 어떤 대상에 흥미나 관심을 보이지 않음. 예 그는 시민들의 냉담 속에서도 연설을 계속했다.	➕ **냉소(冷笑)**: 쌀쌀한 태도로 비웃음. 또는 그런 웃음.
면밀히 이어질 綿 | 빽빽할 密	자세하고 빈틈이 없이. 예 경찰은 그의 행적을 면밀히 조사하였다.	
억척스럽다	어떤 어려움에도 굴하지 아니하고 몹시 모질고 끈덕지게 일을 해 나가는 태도가 있다. 예 그는 억척스럽게 일을 하였다.	➕ **극성(極盛)스럽다**: 성질이나 행동이 몹시 드세거나 지나치게 적극적인 데가 있다. 유 **악착(齷齪)스럽다**: 매우 모질고 끈덕지게 일을 해 나가는 태도가 있다.
역력하다 지낼 歷 | 지낼 歷	자취나 기미, 기억 따위가 환히 알 수 있게 또렷하다. 예 그의 얼굴에 뉘우치는 기색이 역력했다.	
외지 바깥 外 | 땅 地	자기가 사는 곳 밖의 다른 고장. 예 그는 외지에서 삼 년 전에 이사 온 사람이다.	유 **타지(他地)**: 다른 지방이나 지역. ➕ **객지(客地)**: 자기 집을 멀리 떠나 임시로 있는 곳.
진노하다 눈 부릅뜰 瞋 | 성낼 怒	성을 내며 노여워하다. 예 그는 이기적인 젊은이의 행동에 진노했다.	더알기 '진노하다'의 '–하다'는 일부 명사 뒤에 붙어 동사를 만드는 말이다. 예 공부하다 | 사랑하다 | 생각하다
착수 붙을 着 | 손 手	어떤 일에 손을 댐. 또는 어떤 일을 시작함. 예 이 일에 착수를 한 지 벌써 몇 달이 지났다.	반 **종결(終結)**: 일을 끝냄.

시나리오

영화를 만들기 위하여 쓴 대본.

시나리오의 특징

- 장면(scene)을 단위로 구성됨.
- 대사와 행동을 통해 인물의 성격이 제시되고 사건이 전개됨.
- 촬영과 편집을 통해 영화로 완성되므로 시간, 공간, 등장인물의 수에 제약이 없음.

더알기 무대 상연을 전제로 하는 희곡은 시간과 공간, 등장인물의 수에 제약을 받지만, 시나리오는 희곡에 비해 제약이 적다.

시나리오 용어

영화 촬영을 위한 시나리오에 쓰이는 특수 용어.

시나리오 용어

- S#(Scene Number) 장면 번호.
- E.(Effect) 효과음.
- NAR.(Narration) 내용이나 줄거리를 장면 밖에서 해설하는 것.
- F.I.(Fade In) 화면이 차차 밝아짐.
- F.O.(Fade Out) 화면이 차차 어두워짐.
- O.L.(Over Lap) 앞 화면에 뒤 화면이 포개어지면서 전환되는 기법.
- C.U.(Close Up) 어떤 대상이나 인물이 화면에 확대되는 것.

더알기 영화는 카메라를 이용해서 촬영하기 때문에 시나리오에는 특수한 용어가 사용된다.

■ **한자 성어 | 관용구 | 속담** '위기'와 관련이 있는 한자 성어

사면초가
넉 四 | 낯 面 | 초나라 楚 | 노래 歌

아무에게도 도움을 받지 못하는, 외롭고 곤란한 지경에 빠진 형편을 이르는 말.

예 성 안팎은 모두 적으로 둘러싸여, 그야말로 <u>사면초가</u>의 신세였다.

더알기 초나라 항우가 한나라의 군에 패하여 사면이 포위되었을 때 한나라 군사 쪽에서 들려오는 초나라의 노랫소리를 듣고, 초나라 군사가 이미 항복한 줄 알고 놀랐다는 데서 유래한다.

사상누각
모래 沙 | 위 上 / 다락 樓 | 문설주 閣

모래 위에 세운 누각이라는 뜻으로, 기초가 튼튼하지 못하여 오래 견디지 못할 일이나 물건을 이르는 말.

예 경제적 자립이 없는 국제화는 <u>사상누각</u>에 불과하다.

더알기 '누각'은 사방을 바라볼 수 있도록 문과 벽이 없이 다락처럼 높이 지은 집을 말한다.

설상가상
눈 雪 | 위 上 | 더할 加 | 서리 霜

눈 위에 서리가 덮인다는 뜻으로, 난처한 일이나 불행한 일이 잇따라 일어남을 이르는 말.

예 시간도 없는데 <u>설상가상</u>으로 길까지 막혔다.

더알기 대조적인 의미의 한자 성어로 좋은 일 뒤에 또 좋은 일이 더하여짐을 비유적으로 이르는 말인 '금상첨화(錦上添花)'가 있다.

풍비박산
바람 風 | 날 飛 | 우박 雹 | 흩을 散

사방으로 날아 흩어짐.

예 그는 사업의 실패로 <u>풍비박산</u>이 된 집안을 수습하였다.

풍전등화
바람 風 | 앞 前 | 등잔 燈 | 불 火

바람 앞의 등불이라는 뜻으로, 사물이 매우 위태로운 처지에 놓여 있음을 비유적으로 이르는 말.

예 백성들은 <u>풍전등화</u>와 같은 나라의 운명을 걱정하였다.

01~05 빈칸에 들어갈 어휘를 〈보기〉에서 찾아 쓰시오.

보기

| 경멸 | 냉담 | 면밀히 | 외지 | 착수 |

01 몇 달째 가뭄이 계속되자 정부는 대책 마련에 (   )하였다.

02 아버지는 돈만 밝히는 그 사람들을 (   )하는 눈초리로 바라보셨다.

03 나는 어릴 적에 고향을 떠나 (   )에서 수십 년을 살다가 고향에 돌아왔다.

04 우리는 이번 일의 실패 원인을 (   ) 검토해서 다시는 이와 같은 실패를 되풀이하지 말아야 한다.

05 우리가 곤경에 처한 것을 모르지 않으련만 그는 자신과는 아무 상관이 없다는 듯 (   )한 태도로 대꾸했다.

06~08 제시된 초성과 뜻을 참고하여 빈칸에 들어갈 어휘를 쓰시오.

06 ㅈㄴ하다: 성을 내며 노여워하다.
예 측근들이 음모를 꾸몄다는 사실을 듣고 왕은 (   )하였다.

07 ㅇㄹ하다: 자취나 기미, 기억 따위가 환히 알 수 있게 또렷하다.
예 발표 순서가 다가오자 그의 얼굴에는 긴장하는 기색이 (   )하였다.

08 ㅇㅊ스럽다: 어떤 어려움에도 굴하지 아니하고 몹시 모질고 끈덕지게 일을 해 나가는 태도가 있다.
예 가난을 숙명처럼 지고 살아온 그녀는 누가 보기에도 (   )스러웠다.

09~13 제시된 초성을 참고하여 다음 상황에 어울리는 한자 성어를 쓰시오.

09 수도를 지키던 군대마저 무너졌으니, 국가의 운명은 ㅍㅈㄷㅎ 격이었다. _____

10 임금이 죄를 지은 그를 귀양 보낸 후로 그의 집안은 ㅍㅂㅂㅅ이 나고 말았다.

_____

11 기초를 제대로 다지지 않고 요령만 부려서 하는 공부는 ㅅㅅㄴㄱ에 불과하다.

_____

12 산을 내려가려는데 갑자기 비가 내리기 시작하더니 ㅅㅅㄱㅅ으로 주위마저 차츰 어두워지기 시작했다. _____

13 철수는 친구들에게 거짓말을 한 것을 들키고 이어 선생님까지도 속였다는 사실이 드러나면서 ㅅㅁㅊㄱ에 처했다. _____

개념 확인
14~17 다음 용어에 알맞은 설명을 찾아 바르게 연결하시오.

14 시나리오 •　　　　　　• ㉠ 장면 번호.

15 S# •　　　　　　• ㉡ 앞 화면에 뒤 화면이 포개어지면서 전환되는 기법.

16 O.L. •　　　　　　• ㉢ 영화를 만들기 위하여 쓴 대본.

17 F.O. •　　　　　　• ㉣ 화면이 차차 어두워짐.

◎ 맞힌 개수	(　　　　　) / 17문항
☑ 복습할 어휘	

📖 필수 어휘

공공연하다 공평할 公 | 공평할 公 | 그럴 然	숨김이나 거리낌이 없이 그대로 드러나 있다. 예 두 사람이 사귄다는 소문이 <u>공공연하게</u> 나돌았다.	
대중화 큰 大 | 무리 衆 | 될 化	대중 사이에 널리 퍼져 친숙해짐. 또는 그렇게 되게 함. 예 그는 국악의 <u>대중화</u>에 노력을 기울였다.	➕ **대중(大衆)**: 수많은 사람의 무리.
매료 매혹할 魅 | 마칠 了	사람의 마음을 완전히 사로잡아 홀리게 함. 예 나는 그의 목소리에 완전히 <u>매료</u>가 되었다.	🟰 **매혹(魅惑)**: 남의 마음을 사로잡아 홀림. ➕ **홀리다**: 매력으로 남을 유혹하여 정신을 흐리게 하다.
방자하다 놓을 放 | 방자할 恣	어려워하거나 조심스러워하는 태도가 없이 무례하고 건방지다. 예 어른 앞에서 <u>방자하게</u> 굴지 마라.	➕ **무례(無禮)하다**: 태도나 말에 예의가 없다.
여념 남을 餘 | 생각할 念	어떤 일에 대하여 생각하고 있는 것 이외의 다른 생각. 예 그는 돈 벌 궁리에 <u>여념</u>이 없다.	⭐ **2013 수능** 지위를 생각하고 명예를 생각하는 데 <u>여념</u>이 없었다. **더 알기** '여념'은 주로 '없다'와 함께 쓰인다. 예 문제 풀기에 <u>여념</u>이 없다. 변명하기에 <u>여념</u>이 없다.
여정 나그네 旅 | 길 程	여행의 과정이나 일정. 예 1박 2일의 짧은 <u>여정</u>을 마치고 돌아오다.	➕ **노정(路程)**: 거쳐 지나가는 길이나 과정. ➕ **여정(旅情)**: 여행할 때 느끼게 되는 외로움이나 시름 따위의 감정.
자긍심 스스로 自 | 자랑할 矜 | 마음 心	스스로에게 긍지를 가지는 마음. 예 자신의 직업에 <u>자긍심</u>을 가져라.	➕ **자만심(自慢心)**: 자신이나 자신과 관련 있는 것을 스스로 자랑하며 뽐내는 마음.
질풍 병 疾 | 바람 風	몹시 빠르고 거세게 부는 바람. 예 차가 고속도로 위를 <u>질풍</u>같이 달렸다.	

수필 따를 隨 | 붓 筆	일정한 형식에 얽매이지 않고 글쓴이가 인생이나 자연 또는 일상생활에서의 느낌이나 체험을 생각나는 대로 쓴 산문 형식의 글.

수필의 특징

- 무형식의 글 일정한 형식의 제약이 없이 자유롭게 씀.
- 신변잡기적 주변에서 일어나는 모든 일들이 소재가 될 수 있음.
- 비전문적 전문적 지식이 필요하지 않아 누구나 쉽게 쓸 수 있음.
- 개성적 글쓴이의 개성이나 인생관, 가치관 등이 글 속에 직접 드러남.
- 고백적 자신이 겪은 일이나 생각, 느낌을 솔직하게 표현함.

더 알기 수필은 글쓴이 자신이 실제로 보고, 듣고, 경험한 일을 쓴 글이므로 말하는 이와 글쓴이가 일치한다. 반면 소설은 현실에서 있을 법한 일을 상상하여 지어낸 것이므로 말하는 이와 글쓴이가 일치하지 않는다.

기행문 벼리 紀 | 다닐 行 | 글월 文	여행하면서 보고, 듣고, 느끼고, 겪은 것을 적은 글.

기행문의 요소

- 여정 여행의 과정이나 일정(언제, 어디를 거쳐, 어디로 갔다는 형식의 여행 경로).
- 견문 여행하면서 보고 들은 것.
- 감상 보고 들은 내용에 대한 글쓴이의 생각이나 느낌.

더 알기 기행문에는 여행한 지방의 풍습, 특산물, 사투리 등 여행지의 특색을 담은 어휘들이 잘 나타나기 때문에 지방색을 느낄 수 있다.

■ 한자 성어 | 관용구 | 속담 '눈'과 관련이 있는 관용구

눈앞이 캄캄하다	어찌할 바를 몰라 아득하다. 예 선생님이 안 계신 곳에서 어떻게 공부해야 할지 눈앞이 캄캄하다.	**더 알기** '아득하다'는 어떻게 하면 좋을지 몰라 막막하다는 뜻이다.
눈에 넣어도 아프지 않다	매우 귀엽다. 예 어머니께 나는 눈에 넣어도 아프지 않을 딸이었다고 한다.	
눈에 불을 켜다	몹시 욕심을 내거나 관심을 기울이다. 예 아이들은 노는 일에는 눈에 불을 켜고 달려든다.	
눈을 붙이다	잠을 자다. 예 잠시 눈을 붙이고 나니 피로가 풀렸다.	
눈이 높다	「1」 정도 이상의 좋은 것만 찾는 버릇이 있다. 예 그 여자는 눈이 높아 웬만한 남자는 거들떠보지도 않는다. 「2」 안목이 높다. 예 그 여자는 미술품을 보는 눈이 높다.	**더 알기** '안목(眼目)'은 사물을 보고 분별하는 견문과 학식을 뜻한다.

01~05 〈보기〉의 어휘를 활용하여 다음 대화를 완성하시오.

┌─────────────── 보기 ───────────────┐
매료   여념   여정   자긍심   질풍
└──────────────────────────────────┘

영주: 채빈아, 요즘 쉬는 시간마다 읽는 책이 뭐야? 완전히 푹 빠져서 읽고 있더라.

채빈: 응, 「폭풍의 언덕」이라는 소설이야. 요즘 그 이야기에 완전히 01 (   )되었어.

영주: 어떤 이야기인데?

채빈: 소설 제목처럼 주인공들에게 사랑이 02 (   )같이 불어닥치는데, 그 사랑이 많은 것들을 망가뜨려.

영주: 그래? 주인공들의 운명이 비극적인가 봐?

채빈: 남자 주인공의 경우 사랑하는 사람에게 돌아오기까지 기나긴 인생의 03 (   )을 거쳐.

영주: 여자 주인공은 어때?

채빈: 남자 주인공을 사랑하지만 근처의 지주 아들과 결혼을 하고 결국 스스로에 대한 자존심과 04 (   )을 되찾지 못한 채 열병에 걸려 죽게 돼.

영주: 흥미진진한 내용이네. 그래서 네가 그렇게 책 읽기에 05 (   )이 없구나.

06~08 밑줄 친 '이 말'에 해당하는 어휘를 〈보기〉에서 찾아 쓰시오.

┌─────────────── 보기 ───────────────┐
공공연하다   대중화   방자하다
└──────────────────────────────────┘

06 이 말은 어떠한 상태를 드러낼 때 주로 쓰이는데, 숨김이나 거리낌이 없이 그대로 드러나 있다는 의미의 말이야. _____

07 이 말은 태도가 무례하고 건방진 사람에게 쓸 수 있는 말이야. 예를 들어 구한말, 강대국의 고위 관료가 조선의 왕 앞에서 이러한 태도를 취했다고 말할 수 있지. _____

08 이 말은 사람들 사이에 널리 퍼져 친숙해진 현상을 설명할 때 주로 써. 스마트폰이나 인터넷 등이 많이 보급되어 있는 것을 이야기할 때에도 이 어휘를 활용하지. _____

09~13 빈칸에 들어갈 관용구를 〈보기〉에서 찾아 문맥에 맞게 쓰시오.

〈보기〉

| 눈앞이 캄캄하다 | 눈에 넣어도 아프지 않다 | 눈에 불을 켜다 | 눈을 붙이다 | 눈이 높다 |

09 너무 피곤해서 잠시 (   ) 아침까지 자고 말았다.

10 부모님이 늦은 나이에 얻은 동생은 (   ) 자식이다.

11 우리 이모는 (   ) 아직까지도 결혼 상대자를 찾지 못했다.

12 발표 준비를 하나도 하지 않았는데, 내 이름이 호명되어서 (   ).

13 일등에게 주는 상금 액수를 듣자, 선수들은 (   ) 경기에 임했다.

✔ 개념 확인

14~15 다음 설명이 맞으면 ○에, 그렇지 않으면 ×에 표시하시오.

14 수필은 특별히 정해진 형식 없이 글쓴이의 개성에 따라 자유롭게 쓰는 글이다. (○ , ×)

15 기행문은 여행하면서 보고 들은 것에 해당하는 '여정', 여행의 과정이나 일정에 해당하는 '견문', 여행을 하면서 생각하고 느낀 '감상'을 기록한 글이다. (○ , ×)

맞힌 개수	( ) / 15문항
복습할 어휘	

필수 어휘

경외심 공경할 敬 | 두려워할 畏 | 마음 心	공경하면서 두려워하는 마음. 예 이 높은 산 앞에 서면 자연에 대한 <u>경외심</u>이 생긴다.	더알기 '경외심'에서 '-심'은 '마음'의 뜻을 더하는 말이다. 예 경쟁심 | 공경심 | 애국심
고찰 생각할 考 | 살필 察	어떤 것을 깊이 생각하고 연구함. 예 이 책은 문학의 역사에 대해 새로운 <u>고찰</u>을 하고 있다.	
근거 뿌리 根 | 의거할 據	어떤 일이나 의논, 의견에 그 근본이 됨. 또는 그런 까닭. 예 무슨 <u>근거</u>로 그렇게 주장하는 겁니까?	⊕ 증거(證據): 어떤 사실을 증명할 수 있는 근거.
내면화 안 內 | 낯 面 | 될 化	정신적·심리적으로 깊이 마음속에 자리 잡힘. 또는 그렇게 되게 함. 예 역사의식의 <u>내면화</u>는 민족의 주체성을 위해서 중요하다.	
대항 대할 對 | 겨룰 抗	「1」 굽히거나 지지 않으려고 맞서서 버티거나 항거함. 예 그는 적에게 <u>대항</u>을 하다가 몸을 다쳤다. 「2」 그것끼리 서로 겨룸. 예 그는 학교 <u>대항</u> 축구 경기가 열리길 바라고 있다.	⊕ 항거(抗拒): 순종하지 아니하고 맞서서 반항함.
일반화 하나 一 | 일반 般 | 될 化	개별적인 것이나 특수한 것이 일반적인 것으로 됨. 또는 그렇게 만듦. 예 하나의 사례를 보고 <u>일반화</u>를 유도하는 것은 위험하다.	★ 2013 수능 사례들을 관찰한 다음에 그것을 일반화하는 것이다. ⑪ 보편화(普遍化): 널리 일반인에게 퍼짐 또는 그렇게 되게 함.
취지 뜻 趣 | 뜻 旨	어떤 일의 근본이 되는 목적이나 긴요한 뜻. 예 일의 <u>취지</u>에 어긋나지 않도록 해결책을 찾자.	⊕ 긴요(緊要)하다: 꼭 필요하고 중요하다. ⊕ 의도(意圖): 무엇을 하고자 하는 생각이나 계획. 또는 무엇을 하려고 꾀함.
허용 허락할 許 | 얼굴 容	허락하여 너그럽게 받아들임. 예 우리 반은 동물 실험의 <u>허용</u> 여부를 두고 토론을 했다.	⊕ 용납(容納): 너그러운 마음으로 남의 말이나 행동을 받아들임. ⑫ 금지(禁止): 법이나 규칙이나 명령 따위로 어떤 행위를 하지 못하도록 함.

설명문
말씀 設 | 밝을 明 | 글월 文

어떤 대상에 대한 지식이나 정보를 독자들이 쉽게 이해할 수 있도록 체계적으로 풀어 쓴 글.

설명문의 특성
- 객관성 글쓴이의 주장이나 의견 없이 사실을 객관적으로 전달함.
- 사실성 지식과 정보를 실제 사실에 근거하여 전달함.
- 명료성 뜻이 분명하게 전달되도록 문장을 정확하고 간결하게 씀.
- 체계성 '처음 – 중간 – 끝'의 구성 방식에 따라 내용을 체계적으로 전개함.

더알기 설명문은 정보 전달을 목적으로 하기 때문에 어떤 대상에 대한 지식이나 정보 등을 독자들이 이해하기 쉽게 풀어 써야 한다.

논설문
논의할 論 | 말씀 說 | 글월 文

어떤 주제에 대한 자신의 주장이나 의견을 논리적으로 밝혀 쓴 글.

논설문의 요건
- 주관성 글쓴이의 주장과 의견이 명확하게 드러나야 함.
- 타당성 주장을 뒷받침하는 근거가 타당하고 논리적이어야 함.
- 신뢰성 근거는 출처가 분명하고 믿을 만한 것이어야 함.
- 체계성 '서론 – 본론 – 결론'에 따라 내용을 체계적으로 전개해야 함.

더알기 논설문은 독자를 설득하는 것이 주된 목적이기 때문에 자신의 주장이나 의견에 대한 타당한 근거를 반드시 함께 제시해야 한다.

요약
중요할 要 | 맺을 約

말이나 글의 요점을 잡아서 간추림.

요약하며 읽기의 방법
- 선택과 삭제 중심 내용은 선택하고, 세부 내용이나 반복되는 내용은 삭제함.
- 일반화 구체적이고 개별적인 내용은 그것을 포함하는 상위 개념으로 일반화함.
- 재구성 중심 문장이 뚜렷하게 나타나 있지 않으면 제시된 내용을 바탕으로 중심 내용을 재구성함.

더알기 요약하며 글을 읽으면 글의 내용을 간결하고도 정확하게 정리할 수 있고, 읽은 내용을 오랫동안 기억할 수 있다.

📖 한자 성어 | 관용구 | 속담 '독서'와 관련이 있는 한자 성어

독서삼매
읽을 讀 | 글 書 | 석 三 | 어두울 昧

다른 생각은 전혀 아니 하고 오직 책 읽기에만 골몰하는 경지.
예 나는 독서삼매에 빠져 종이 울리는 것도 듣지 못했다.

더알기 '삼매'는 본래 불교 용어로, 하나의 대상에만 정신을 집중하는 경지를 이르는 말이다.

등화가친
등잔 燈 | 불 火 | 옳을 可 | 친할 親

등불을 가까이할 만하다는 뜻으로, 서늘한 가을밤은 등불을 가까이하여 글 읽기에 좋음을 이르는 말.
예 가을은 등화가친의 계절이다.

수불석권
손 手 | 아닐 不 | 풀 釋 | 책 卷

손에서 책을 놓지 아니하고 늘 글을 읽음.
예 수불석권을 하더니 결국 그는 장원 급제하였다.

위편삼절
가죽 韋 | 엮을 編 | 석 三 | 끊을 絕

공자가 주역을 즐겨 읽어 책의 가죽끈이 세 번이나 끊어졌다는 뜻으로, 책을 열심히 읽음을 이르는 말.
예 지수는 위편삼절을 하며 이번 겨울 방학을 도서관에서 보냈다.

더알기 종이가 없던 옛날에는 대나무에 글자를 써서 책을 만들었는데, 공자가 책을 많이 읽어 그것을 엮어 놓은 끈이 끊어졌다는 데서 비롯된 말이다.

01~03 밑줄 친 어휘의 뜻을 〈보기〉에서 찾아 번호를 쓰시오.

〈보기〉

① 어떤 일이나 의논, 의견에 그 근본이 됨. 또는 그런 까닭.
② 개별적인 것이나 특수한 것이 일반적인 것으로 됨. 또는 그렇게 만듦.
③ 정신적·심리적으로 깊이 마음속에 자리 잡힘. 또는 그렇게 되게 함.

이 책에서는 다양한 문학 작품에 대한 연구를 통해 우리 문학의 특징을 ㉠일반화하였다. 독자들은 이 책의 내용을 ㉡근거로 하여 앞으로 문학 작품을 감상할 때 작품의 내용을 더욱 깊이 있게 이해하고 ㉢내면화할 수 있을 것이다.

01 ㉠: (   )   **02** ㉡: (   )   **03** ㉢: (   )

04~06 빈칸에 알맞은 말을 넣어 밑줄 친 어휘의 뜻을 완성하시오.

04 외세의 침략에 의병들은 온 힘을 다해 대항하여 싸웠다.
→ 굽히거나 지지 않으려고 맞서서 (   ) 항거함.

05 그의 신비스러운 행적은 사람들에게 경외심을 불러일으켰다.
→ 공경하면서 (   ) 마음.

06 문화에 대한 고찰 없이 인간의 삶을 이해하는 것은 불가능하다.
→ 어떤 것을 깊이 (   ) 연구함.

07~08 밑줄 친 말을 대신할 수 있는 어휘를 고르시오.

07 학교 측은 학생들의 스마트폰 사용을 허용했다.   (용납 | 용서)

08 우리 동아리는 환경을 보존하자는 취지로 만들어졌다.   (의도 | 의리)

09~12 다음 상황과 의미가 통하는 한자 성어를 〈보기〉에서 찾아 쓰시오.

보기

독서삼매   등화가친   수불석권   위편삼절

09 날이 서늘하니 등불을 환히 밝히고 밤새 책을 읽을 수 있겠네. _____

10 책 읽는 일에 정신이 팔려서 수업 종이 울리는 것도 잊었지 뭐야. _____

11 책이 재미있어서 화장실 갈 때도, 밥을 먹을 때도 손에서 책을 놓을 수가 없어. _____

12 공자가 책의 가죽끈이 세 번이나 끊어질 정도로 책을 많이 읽었다더니, 내 책도 너무 많이 읽어서 표지가 낡았어. _____

✅ **개념 확인**

13~15 다음 설명이 맞으면 ○에, 그렇지 않으면 ×에 표시하시오.

13 설명문은 어떤 대상에 대한 지식이나 정보를 독자들이 쉽게 이해할 수 있도록 체계적으로 풀어 쓴 글이다. (○ , ×)

14 논설문은 어떤 주제에 대한 자신의 주장이나 의견을 밝혀 쓴 글로, 주장을 뒷받침하는 근거가 타당하고 논리적이어야 한다. (○ , ×)

15 요약하며 읽을 때에는 선택과 삭제, 구체화, 재구성의 방법을 활용할 수 있다. (○ , ×)

🔲 맞힌 개수	( ) / 15문항
☑ 복습할 어휘	

📖 **필수 어휘**

반전 돌이킬 反 | 구를 轉	일의 형세가 뒤바뀜. 예 이 영화의 결말에 반전이 있다.	🔵 **역전(逆轉):** 형세가 뒤집힘. 또는 형세를 뒤집음.
불가피하다 아닐 不 | 옳을 可 | 피할 避	피할 수 없다. 예 정치의 개혁이 불가피하다.	
일화 숨을 逸 | 이야기 話	세상에 널리 알려지지 아니한 흥미 있는 이야기. 예 그는 일화 한 토막을 소개하였다.	➕ **야화(野話):** 항간(일반 사람들 사이)에 떠도는 이야기.
치유 다스릴 治 | 병 나을 癒	치료하여 병을 낫게 함. 예 상처는 시간이 지나면 저절로 치유가 된다.	
타개 칠 打 | 열 開	매우 어렵거나 막힌 일을 잘 처리하여 해결의 길을 엶. 예 수출 부진 타개를 위한 대책이 필요하다.	➕ **처리(處理):** 사무나 사건 따위를 절차에 따라 정리하여 치르거나 마무리를 지음.
퇴치 물러날 退 | 다스릴 治	물리쳐서 아주 없애 버림. 예 여름이 되자 모기 퇴치 광고에 관심이 간다.	
폐해 폐단 弊 | 해로울 害	폐단으로 생기는 해. 예 홍수의 폐해가 심해서 강물이 흙색으로 변했다.	➕ **폐단(弊端):** 어떤 일이나 행동에서 나타나는 옳지 못한 경향이나 해로운 현상. ➕ **병폐(病弊):** 병통(깊이 뿌리박힌 잘못이나 결점)과 폐단을 아울러 이르는 말.
활성화 살 活 | 성질 性 | 될 化	사회나 조직 등의 기능이 활발함. 또는 그러한 기능을 활발하게 함. 예 동아리 활성화는 학생들의 참여를 바탕으로 한다.	⭐ 2019 수능 로봇세가 로봇 산업의 활성화에 도움이 된다. 더 알기 '활성화'에서 '-화'는 '그렇게 만들거나 됨'의 뜻을 더하는 말이다. 예 기계화 | 내면화 | 사회화

예측 미리 豫 ㅣ 헤아릴 測	미리 헤아려 짐작함. **예측하며 읽기의 방법** • 글의 제목, 소제목 등을 보고 이어질 내용을 예측한다. • 글의 구조를 고려하여 이어질 내용을 예측한다. • 자신의 배경지식, 읽기 맥락을 활용하여 내용을 예측한다.	**더알기** 예측하며 글을 읽으면 내용을 더욱 깊이 있게 이해할 수 있고, 글쓴이의 의도를 좀 더 효과적으로 파악할 수 있다. 또 글의 내용에 집중하며 글을 능동적으로 읽을 수 있다.
배경지식 등 背 ㅣ 볕 景 ㅣ 알 知 ㅣ 알 識	어떤 일을 하거나 연구할 때, 이미 머릿속에 들어 있거나 기본적으로 필요한 지식. 예 「양반전」은 조선 시대의 신분 제도에 대한 배경지식이 있으면 이해하기 쉽다.	

■ 한자 성어 ㅣ 관용구 ㅣ 속담 '부정적 상황'과 관련이 있는 속담

고래 싸움에 새우 등 터진다	강한 자들끼리 싸우는 통에 아무 상관도 없는 약한 자가 중간에 끼어 피해를 입게 됨을 비유적으로 이르는 말. 예 기업 간의 세력 다툼에 서민들만 피해를 보니, 고래 싸움에 새우 등 터지는 격이지.	
믿는 도끼에 발등 찍힌다	잘되리라고 믿고 있던 일이 어긋나거나 믿고 있던 사람이 배반하여 오히려 해를 입음을 비유적으로 이르는 말. 예 믿는 도끼에 발등 찍힌다더니, 믿었던 윤재가 내 비밀을 다 말하고 다녔을 줄이야.	**더알기** 비슷한 의미의 속담으로 '믿었던 발에 돌 찍힌다', '믿었던 돌에 발부리 채었다'가 있다.
배보다 배꼽이 더 크다	배보다 거기에 붙은 배꼽이 더 크다는 뜻으로, 기본이 되는 것보다 덧붙이는 것이 더 많거나 큰 경우를 비유적으로 이르는 말. 예 선물보다 포장지가 더 비싸다니, 배보다 배꼽이 더 크네.	
사공이 많으면 배가 산으로 간다	여러 사람이 저마다 제 주장대로 배를 몰려고 하면 결국에는 배가 물로 못 가고 산으로 올라간다는 뜻으로, 주관하는 사람 없이 여러 사람이 자기주장만 내세우면 일이 제대로 되기 어려움을 비유적으로 이르는 말. 예 사공이 많으면 배가 산으로 간다고, 서로 의견만 내세우니 이러다가 놀러 갈 장소를 정하지도 못하고 하루가 끝나겠어.	**더알기** '사공(沙工)'은 배를 부리는 일을 직업으로 하는 사람을 뜻한다.
안되는 사람은 뒤로 넘어져도 코가 깨진다	운수가 나쁜 사람은 보통 사람에게는 생기지도 않는 나쁜 일까지 생김을 비유적으로 이르는 말. 예 평평한 바닥에서 발을 헛디뎌 다치다니, 안되는 사람은 뒤로 넘어져도 코가 깨진다는데 정말 운도 없지 뭐야.	**더알기** 비슷한 의미의 속담으로 '복 없는 정승은 계란에도 뼈가 있다'가 있다.

제시된 초성과 뜻을 참고하여 빈칸에 들어갈 어휘를 쓰시오.

01 ㅍㅎ : 폐단으로 생기는 해.

예 대기 오염의 (   )로 발생하는 비염이 요즘 더욱 늘고 있다.

02 ㅊㅇ : 치료하여 병을 낫게 함.

예 자연은 스트레스로 지친 영혼을 (   )하는 데 큰 도움이 된다.

03 ㅌㄱ : 매우 어렵거나 막힌 일을 잘 처리하여 해결의 길을 엶.

예 경제 불황 (   )를 위한 각종 대안이 제시되고 있다.

04 ㅂㄱㅍ 하다: 피할 수 없다.

예 정부의 개방화 조치로 우리의 농산물과 외국의 농산물 경쟁이 (   )하다.

다음 글을 읽고 밑줄 친 어휘의 뜻을 찾아 바르게 연결하시오.

이 영화는 테러 조직이 활성화된 도시에서 테러범을 퇴치하기 위해 한 형사가 온갖 고난을 겪는 일화를 담고 있다. 이 영화의 묘미는 결말의 반전이다. 영화 내내 정의 구현을 위해 노력하던 형사는 알고 보면 과거에 유명한 테러범이었던 것이다. 마지막에 그의 과거가 만천하에 공개되고, 그가 형사 일을 그만두고 떠나는 것은 그에게 어쩔 수 없는 선택이 되어 버린다.

05 활성화 •   • ㉠ 일의 형세가 뒤바뀜.

06 퇴치 •   • ㉡ 물리쳐서 아주 없애 버림.

07 일화 •   • ㉢ 세상에 널리 알려지지 아니한 흥미 있는 이야기.

08 반전 •   • ㉣ 사회나 조직 등의 기능이 활발함. 또는 그런 기능을 활발하게 함.

09~13 다음 상황과 의미가 통하는 속담을 〈보기〉에서 찾아 번호를 쓰시오.

보기

① 배보다 배꼽이 더 크다
② 믿는 도끼에 발등 찍힌다
③ 고래 싸움에 새우 등 터진다
④ 사공이 많으면 배가 산으로 간다
⑤ 안되는 사람은 뒤로 넘어져도 코가 깨진다

09 오천 원짜리 게임기를 수리하는 데 삼만 원을 썼다. _____

10 부모님이 다투시는 바람에 놀이공원에 가려던 계획이 어긋났다. _____

11 윤아가 당연히 우리 팀에 들어올 것이라고 생각했는데 상대 팀으로 갈 줄이야! _____

12 참석자들은 안건에 관한 각자의 의견을 내세웠지만 결국 의견을 모으지 못하고 회의가 끝났다.

_____

13 오랜만에 새 옷을 입고 외출해서 기분이 좋았는데 소나기가 내리는 바람에 비에 홀딱 젖고 말았다.

_____

✅ **개념 확인**

14~15 다음 설명이 맞으면 ○에, 그렇지 않으면 ×에 표시하시오.

14 예측하며 읽기는 글의 내용을 예측하고 그 내용을 확인해 가며 읽으면서 내용을 더욱 깊이 있게 이해하는 능동적 읽기의 한 방법이다. (○ , ×)

15 배경지식은 어떤 일을 하거나 연구할 때, 이미 머릿속에 들어 있거나 기본적으로 필요한 지식이지만 예측하며 글을 읽을 때에는 특별히 활용되지 않는다. (○ , ×)

▣ 맞힌 개수	( ) / 15문항
☑ 복습할 어휘	

01 밑줄 친 어휘의 뜻으로 적절하지 <u>않은</u> 것은?

① 아이들은 방학 숙제를 하느라 여념이 없었다.
　　→ 어떤 일에 대하여 생각하고 있는 것 이외의 다른 생각.

② 차림새가 남루하다고 손님을 함부로 대해서는 안 된다.
　　→ 옷 따위가 낡아 해지고 차림새가 너저분하다.

③ 모름지기 사람은 겪어 봐야 그 속을 알 수 있는 것이다.
　　→ 사리를 따져 보건대 마땅히. 또는 반드시.

④ 그녀는 자신이 처한 현실의 어려움을 타개하기 위해 애썼다.
　　→ 꾀를 부려 마땅히 져야 할 책임을 지지 아니함.

⑤ 과거에 비해 생명에 대한 경외심이 사라지고 있는 것 같아 안타깝다.
　　→ 공경하면서 두려워하는 마음.

02 〈보기〉의 밑줄 친 어휘와 의미가 유사하지 <u>않은</u> 것은?

> ⟮보기⟯
> 그는 평생을 노비로 살며 세상 사람들에게 <u>천대</u>를 당했다.

① 괄대　　　② 냉대　　　③ 박대　　　④ 후대　　　⑤ 푸대접

03 〈보기〉의 빈칸에 들어갈 어휘를 바르게 나열한 것은?

> ⟮보기⟯
> 김 감독은 상대 팀에 (　　　　)하여 포기하지 말고 끝까지 경기를 하자는 (　　　　)로 선수들을 격려했지만 지친 기색이 (　　　　)한 선수들은 (　　　　)하기만 했다.

① 대항 – 취지 – 역력 – 냉담　　　　② 반전 – 결의 – 착수 – 경멸
③ 반항 – 의지 – 만연 – 고찰　　　　④ 저항 – 의도 – 장악 – 조신
⑤ 항복 – 의미 – 방자 – 분노

04 밑줄 친 어휘를 바꾼 표현이 적절하지 <u>않은</u> 것은?

① 그런 변명은 아버지께서 허용(→ 용납)하지 않으실 것이다.
② 피리에서 흘러나오는 아름다운 소리에 매료(→ 매수)되고 말았다.
③ 어머니는 외지(→ 타지)에서 혼자 생활하는 아들의 안부를 궁금해하셨다.
④ 산업화 사회의 대표적인 두 가지 폐해(→ 병폐)는 물질 숭배와 이기심이다.
⑤ 선생님께서는 태우가 아무 말도 없이 약속을 어긴 일을 책망(→ 질책)하셨다.

어법+

05 어휘의 짜임에 대한 설명이 적절하지 <u>않은</u> 것은?

① 자긍심: '자긍'에 '마음'의 뜻을 더하는 말인 '-심'이 붙어 '스스로에게 긍지를 가지는 마음'이라는 뜻을 나타낸다.

② 불호령: '빛을 내어 어둠을 밝히는 물체'인 '불'이 '호령'과 결합하여 '몹시 심하게 하는 꾸지람'이라는 뜻을 나타낸다.

③ 진노하다: 앞말에 붙어서 동사를 만드는 말인 '-하다'가 '진노'와 결합하여 '성을 내며 노여워하다.'라는 뜻을 나타낸다.

④ 기행문: '기행'에 '글'의 뜻을 더하는 말인 '-문'이 붙어 '여행하면서 보고, 듣고, 느끼고, 겪은 것을 적은 글'이라는 뜻을 나타낸다.

⑤ 활성화: '활성'에 '그렇게 만들거나 됨'의 뜻을 더하는 말인 '-화'가 붙어 '사회나 조직 등의 기능이 활발함. 또는 그러한 기능을 활발하게 함.'의 뜻을 나타낸다.

06 〈보기〉의 빈칸에 들어갈 관용구로 적절한 것은?

> 보기
>
> 이런 말썽쟁이와 한 달 동안 짝을 해야 한다니, 벌써부터 _____.

① 눈이 높다　　　　② 눈을 붙이다　　　　③ 눈에 불을 켜다
④ 눈앞이 캄캄하다　　　　⑤ 눈에 넣어도 아프지 않다

07 다음 설명에 해당하는 속담으로 볼 수 <u>없는</u> 것은?

> '욕심'이란 분수에 넘치게 무엇을 탐내거나 누리고자 하는 마음으로, 예로부터 우리 조상들은 이러한 욕심을 절제하고 경계해야 할 대상으로 여겼다. 속담에도 이러한 욕심의 속성을 비유적으로 드러내거나, 욕심의 부정적 측면을 경고하는 것들이 있다.

① 남의 손의 떡은 커 보인다　　　　② 사공이 많으면 배가 산으로 간다
③ 닫는 사슴을 보고 얻은 토끼를 잃는다　　　　④ 바다는 메워도 사람의 욕심은 못 채운다
⑤ 아홉 가진 놈이 하나 가진 놈 부러워한다

08 밑줄 친 한자 성어의 쓰임이 적절하지 <u>않은</u> 것은?

① 아버지의 사업 실패로 집안이 <u>풍비박산</u>이 났다.

② 구한말은 나라의 운명이 <u>풍전등화</u> 같던 시절이다.

③ 전쟁 중에 나를 구해 준 적군 병사에게 <u>반포지효</u>할 것이다.

④ 철수는 <u>독서삼매</u>에 빠져 친구들이 부르는 소리도 듣지 못했다.

⑤ 어두워지기 시작했는데 <u>설상가상</u>으로 비까지 내려 수색에 어려움을 겪었다.

쉼터 만화로 보는 고사성어

조삼모사

아침 朝 | 석 三 | 저물 暮 | 넉 四

간사한 꾀로 남을 속여 희롱함을 이르는 말. 중국 송나라의 저공의 고사로, 먹이를 아침에 세 개, 저녁에 네 개씩 주겠다는 말에는 원숭이들이 적다고 화를 내더니 아침에 네 개, 저녁에 세 개씩 주겠다는 말에는 좋아하였다는 데서 유래한다.

흠,
이걸 어쩐다?

그렇게 먹으면 배가
고프단 말이에요.

더 주세요,
더 주세요!

고민하던 저공은 새로운 방법을 제안했다.

그럼, 아침에 네 개,
저녁에 세 개씩 주마.
괜찮겠느냐?

그렇게 하면 아침에
저녁보다 한 개를 더 많이
먹게 되는 셈이다.

휴우, 아침에
하나를 더 먹게 돼서
다행이야.

좋아요!

우훗, 요 녀석들
단순하긴~

조삼모사의 사례로는 무엇이 있을까?

엄마가 이번 육상 대회 준비
열심히 하면, 내가 갖고 싶은
노트북 사 주신대. 신난다~

어차피 생일 선물로 주실 거
아니었을까? 곧 네 생일인데,
아무래도 엄마의 조삼모사에
속은 거 같아.

필수 어휘

가책 꾸짖을 呵 | 꾸짖을 責	자기나 남의 잘못에 대하여 **꾸짖어 책망함.** 예 나는 일회용품을 쓰면서 양심에 <u>가책</u>을 느꼈다.	➕ **책망(責望)하다**: 잘못을 꾸짖거나 나무라며 못마땅하게 여기다.
관념적 볼 觀 | 생각할 念 | 과녁 的	관념에만 사로잡혀 있는. 또는 그런 것. 예 그는 모든 일을 <u>관념적</u>으로 판단한다.	➕ **관념(觀念)**: 현실에 의하지 않는 추상적이고 공상적인 생각.
등용 오를 登 | 쓸 用	인재를 **뽑아서 씀.** 예 학벌이나 배경이 <u>등용</u>의 수단이 되어서는 안 된다.	유 **임용(任用)**: 어떤 일을 맡아 하도록 하기 위해 사람을 뽑아 씀.
박멸 칠 撲 | 멸망할 滅	모조리 잡아 없앰. 예 해충 <u>박멸</u>을 위해 정기적으로 소독을 하였다.	➕ **섬멸(殲滅)**: 모조리 무찔러 멸망시킴.
발산 필 發 | 흩을 散	감정 따위를 밖으로 드러내어 해소함. 또는 분위기 따위를 한껏 드러냄. 예 운동은 청소년들의 건전한 욕구 <u>발산</u>에 효과적이다.	반 **수렴(收斂)**: 의견이나 사상 따위가 여럿으로 나뉘어 있는 것을 하나로 모아 정리함.
소담스럽다	「1」 **생김새가 탐스러운 데가 있다.** 예 오늘 아침 우리 마을에는 첫눈이 <u>소담스럽게</u> 내렸다. 「2」 **음식이 풍족하여 먹음직한 데가 있다.** 예 할아버지 생신이어서 음식을 <u>소담스럽게</u> 차렸다.	
의연하다 굳셀 毅 | 그럴 然	**의지가 굳세어서 끄떡없다.** 예 그들은 온갖 어려움에도 불구하고 <u>의연함</u>을 잃지 않았다.	⭐ 2016 수능 나는 나 자신의 육신이 해체되는 듯한 아픔을 <u>의연히</u> 견디었다.
함초롬하다	젖거나 서려 있는 모습이 가지런하고 차분하다. 예 풀잎이 이슬에 <u>함초롬하게</u> 젖어 있다.	

고유어 굳을 固 | 있을 有 | 말씀 語	해당 언어에 본디부터 있던 말이나 그것에 기초하여 새로 만들어진 말. 예 얼굴, 하늘, 고치다, 할아버지 등	더알기 고유어는 우리 민족 특유의 문화나 정서를 표현하며 정서적 감수성을 풍요롭게 한다.
한자어 한나라 漢 | 글자 字 | 말씀 語	한자에 기초하여 만들어진 말. 예 식물(植物), 학교(學校), 필통(筆筒), 수리(修理)하다, 수정(修正)하다, 치료(治療)하다 등	더알기 한자어는 고유어에 비해 좀 더 정확하고 분화된 의미를 지니고 있어서 고유어를 보완한다.
외래어 바깥 外 | 올 來 | 말씀 語	외국에서 들어온 말로 국어처럼 쓰이는 말. 예 빵, 버스, 컴퓨터, 피아노 등	더알기 외래어는 우리말의 어휘를 풍부하게 해 주기도 하지만 지나치게 많이 사용하면 문화적 자긍심을 해칠 수 있다.

■ 한자 성어 | 관용구 | 속담 '잘못된 방법'과 관련이 있는 한자 성어

고식지계 시어머니 姑 | 숨쉴 息 | 어조사 之 | 꾀할 計	우선 당장 편한 것만을 택하는 꾀나 방법. 한때의 안정을 얻기 위하여 임시로 둘러맞추어 처리하거나 이리저리 주선하여 꾸며 내는 계책을 이른다. 예 고식지계로 대충 문제를 해결하려고 했던 것이 탄로 났다.	
권모술수 권세 權 | 꾀할 謀 | 꾀 術 | 셀 數	목적 달성을 위하여 수단과 방법을 가리지 아니하는 온갖 모략이나 술책. 예 그는 세력 확장을 위해 온갖 권모술수를 다 썼다.	더알기 '모략'은 어떤 일을 꾸미고 이루어 나가는 교묘한 방법이나 꾀를 뜻한다.
미봉책 두루 彌 | 꿰맬 縫 | 꾀 策	눈가림만 하는 일시적인 계책. 예 쓰레기 배출량을 줄이기 위해 종량제 봉투 가격을 인상하는 것은 미봉책에 불과하다고 생각한다.	더알기 '계책'은 어떤 일을 이루기 위하여 꾀나 방법을 생각해 내는 것. 또는 그 꾀나 방법을 뜻한다.
용두사미 용 龍 | 머리 頭 | 뱀 蛇 | 꼬리 尾	용의 머리와 뱀의 꼬리라는 뜻으로, 처음은 왕성하나 끝이 부진한 현상을 이르는 말. 예 나는 이번 일이 용두사미가 되지 않도록 끝까지 최선을 다할 것이다.	

01~10 다음 십자말풀이를 완성하시오.

	01			02		03		
					04			05
		07						
						06		
					09			
08								
			10					

┌ 가로 ┐

01 목적 달성을 위하여 수단과 방법을 가리지 아니하는 온갖 모략이나 술책.
04 용의 머리와 뱀의 꼬리라는 뜻으로, 처음은 왕성하나 끝이 부진한 현상을 이르는 말.
06 자기나 남의 잘못에 대하여 꾸짖어 책망함.
08 의지가 굳세어서 끄떡없다.
10 한자에 기초하여 만들어진 말.

┌ 세로 ┐

02 의견이나 사상 따위가 여럿으로 나뉘어 있는 것을 하나로 모아 정리함.
03 인재를 뽑아서 씀.
05 눈가림만 하는 일시적인 계책.
07 젖거나 서려 있는 모습이 가지런하고 차분하다.
09 해당 언어에 본디부터 있던 말이나 그것에 기초하여 새로 만들어진 말.

11~12 제시된 초성을 참고하여 빈칸에 들어갈 어휘를 쓰시오.

11 ㄱㄴㅈ : 흔히 철학은 일상생활과는 동떨어진 (   )인 것으로 여겨지기 쉽다.

12 ㅂㅁ : 파리, 모기, 바퀴 따위를 한꺼번에 (   )할 수 있는 살충제가 나왔다.

13~15 〈보기〉의 글자를 조합하여 다음 뜻에 해당하는 어휘를 쓰시오.

보기

| 소 | 고 | 식 | 발 | 스 | 산 |

| 계 | 담 | 럽 | 다 | 지 |

13 생김새가 탐스러운 데가 있다. _____

14 감정 따위를 밖으로 드러내어 해소함. 또는 분위기 따위를 한껏 드러냄. _____

15 우선 당장 편한 것만을 택하는 꾀나 방법. 한때의 안정을 얻기 위하여 임시로 둘러맞추어 처리하거나 이리저리 주선하여 꾸며 내는 계책을 이름. _____

✅ 개념 확인

16~18 〈보기〉의 단어를 고유어, 한자어, 외래어로 구분하여 쓰시오.

보기

| 길 | 봄 | 바지 | 우유 | 책상 | 친구 | 샐러드 | 아파트 | 자전거 |

16 고유어: _____

17 한자어: _____

18 외래어: _____

📋 맞힌 개수	( ) / 18문항
☑ 복습할 어휘	

필수 어휘

교류
사귈 交 | 흐를 流

「1」 근원이 다른 물줄기가 서로 섞이어 흐름. 또는 그런 줄기.
예 이 강의 물줄기들은 여러 군데서 합쳐져서 교류를 한다.
「2」 문화나 사상 따위가 서로 통함.
예 남북한 교류가 확대되고 있다.

★ 2018 수능 이는 궁중과 민간의 교류를 통해 조선의 궁중 음식이 민간의 음식뿐만 아니라 민간의 뛰어난 조리 기술까지 받아들여 우리 음식 전반을 아울렀기 때문이지요.

다채롭다
많을 多 | 채색 彩

여러 가지 색채나 형태, 종류 따위가 한데 어울리어 호화스럽다.
예 어린이날에는 다채로운 행사가 열린다.

⊕ 호화(豪華)스럽다: 보기에 사치스럽고 화려한 데가 있다.

발원
필 發 | 근원 源

「1」 흐르는 물줄기가 처음 생김. 또는 그런 것.
예 아무리 큰 강이라도 그 발원은 조그만 옹달샘이다.
「2」 사회 현상이나 사상 따위가 맨 처음 생겨남. 또는 그런 것.
예 문명의 발원은 큰 강 유역에서 비롯되었다.

병약하다
병들 病 | 약할 弱

병으로 인하여 몸이 쇠약하다.
예 어머니께서는 병약한 나에게 몸에 좋은 음식을 많이 해 주셨다.

⊕ 쇠약(衰弱)하다: 힘이 쇠하고 약하다.

수려하다
빼어날 秀 | 고울 麗

빼어나게 아름답다.
예 그는 외모가 수려하여 보는 이에게 호감을 준다.

절묘하다
끊을 絶 | 묘할 妙

비할 데가 없을 만큼 아주 묘하다.
예 그의 예상은 절묘하게 맞아떨어졌다.

절박하다
끊을 切 | 닥칠 迫

어떤 일이나 때가 가까이 닥쳐서 몹시 급하다.
예 그의 처지는 몹시 절박했다.

⊕ 촉박(促迫)하다: 기한이 바싹 닥쳐와서 가깝다.

흉물스럽다
흉할 凶 | 만물 物

모양이 흉하고 괴상한 데가 있다.
예 그 건물은 공사가 중지된 채 오랫동안 흉물스러운 모습으로 있었다.

지역 방언 땅 地 | 경계 域 | 방위 方 | 말 씀 言	지리적으로 떨어져 있어 오랜 시간이 흐르면서 **지역에 따라 다르게** 쓰는 말. 예 '잠자리'에 대한 지역 방언 → 찰레기(강원), 오다리(경북), 곰부리(경남), 간진자리(전북), 밤부리(제주) 등	더알기 지역 방언은 그 지역의 생활 언어로, 그 지역 사람들의 정서가 담겨 있다.
사회 방언 모일 社 | 모일 會 | 방위 方 | 말씀 言	직업, 연령, 성별 등에 따라 **특징적으로 쓰는 말**. 예 의사들이 쓰는 사회 방언 → 코드 블루(긴급 상황), 지비(담낭 혹은 쓸개), 석션(기계적 방법으로 가스나 액체를 빨아내는 것) 등	더알기 사회 방언을 사용하여 대화를 나누면 집단 내 구성원들끼리는 원활한 대화가 가능하고 친밀감을 형성할 수 있다.

■ 한자 성어 | 관용구 | 속담　'입'과 관련이 있는 관용구

입만 살다	말에 따르는 행동은 없으면서 말만 그럴듯하게 잘하다. 예 그는 말은 그럴듯하게 잘하면서 일은 제대로 하지 못해 입만 살았다는 평가를 받는다.	
입만 아프다	여러 번 말하여도 받아들이지 아니하여 말한 보람이 없다. 예 그와 말싸움을 해 봐야 내 입만 아프다.	
입 안에서 뱅뱅 돌다	하고 싶은 말이 있어도 하지 아니하거나 또는 못하게 되다. 예 그는 막상 그녀를 만나게 되자 말이 입 안에서 뱅뱅 돌기만 할 뿐 나오지 않았다.	
혀끝에 놀아나다	남의 말을 따라 움직이다. 예 임금은 간신의 혀끝에 놀아나 올바른 정치를 펴지 못했다.	
혀를 차다	마음이 언짢거나 유감의 뜻을 나타내다. 예 우리의 싸움을 본 동네 사람들은 눈살을 찌푸리고 혀를 찼다.	더알기 '유감'은 마음에 차지 아니하여 섭섭하거나 불만스럽게 남아 있는 느낌을 뜻한다.

01~04 **제시된 초성과 뜻을 참고하여 빈칸에 들어갈 어휘를 쓰시오.**

01 ㅂ|ㅇ : 흐르는 물줄기가 처음 생김. 또는 그런 것.

예 한강이 어디에서 (   )했는지 궁금하여 인터넷을 검색해 보았다.

02 ㄱ|ㄹ : 문화나 사상 따위가 서로 통함.

예 예전에는 중국과의 문화적 (   )를 통해 선진 문화를 받아들였다.

03 ㅂ|ㅇ 하다: 병으로 인하여 몸이 쇠약하다.

예 그는 얼굴이 창백하고 몸이 빈약해서 (   )한 인상을 준다.

04 ㅎ|ㅁ 스럽다: 모양이 흉하고 괴상한 데가 있다.

예 나는 쓰레기로 가득 찬 전봇대 주위를 보면서 (   )스러움을 느꼈다.

05 **제시된 어휘의 뜻을 화살표를 따라가며 찾고, 맨 마지막에 선택된 어휘의 뜻을 〈보기〉에서 고르시오.**

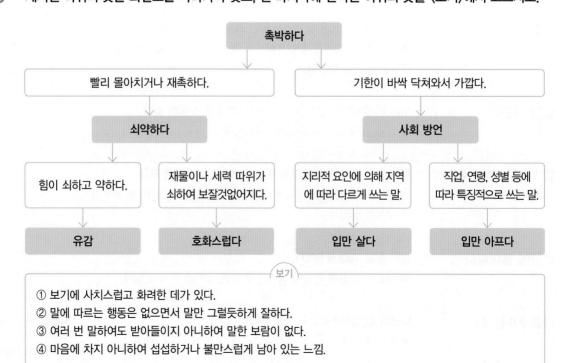

① 보기에 사치스럽고 화려한 데가 있다.
② 말에 따르는 행동은 없으면서 말만 그럴듯하게 잘하다.
③ 여러 번 말하여도 받아들이지 아니하여 말한 보람이 없다.
④ 마음에 차지 아니하여 섭섭하거나 불만스럽게 남아 있는 느낌.

06~09 다음 뜻에 해당하는 단어에 ∨표 하시오.

06 빼어나게 아름답다. ☐ 화려하다 ☐ 수려하다

07 비할 데가 없을 만큼 아주 묘하다. ☐ 절묘하다 ☐ 미묘하다

08 어떤 일이나 때가 가까이 닥쳐서 몹시 급하다. ☐ 긴급하다 ☐ 절박하다

09 여러 가지 색채나 형태, 종류 따위가 한데 어울리어 호화스럽다. ☐ 다채롭다 ☐ 다양하다

10~12 다음 관용구의 뜻을 찾아 바르게 연결하시오.

10 혀를 차다 • • ㉠ 남의 말을 따라 움직이다.

11 혀끝에 놀아나다 • • ㉡ 마음이 언짢거나 유감의 뜻을 나타내다.

12 입 안에서 뱅뱅 돌다 • • ㉢ 하고 싶은 말이 있어도 하지 아니하거나 또는 못하게 되다.

✔ 개념 확인
13~14 다음 설명이 맞으면 ○에, 그렇지 않으면 ×에 표시하시오.

13 지역 방언은 그 지역의 생활 언어로, 그 지역 사람들의 정서가 담겨 있다. (○ , ×)

14 사회 방언은 다른 집단과의 대화를 원활하게 하여 친밀감을 형성할 수 있다. (○ , ×)

🗨 맞힌 개수	( ) / 14문항
☑ 복습할 어휘	

📖 필수 어휘

관습 버릇 慣 ㅣ익힐 習	어떤 사회에서 오랫동안 지켜 내려와 그 사회 성원들이 널리 인정하는 질서나 풍습. 예 하루아침에 지금까지 내려온 가치 기준과 <u>관습</u>을 뒤엎을 수는 없다.

관여하다 빗장 關 ㅣ더불 與	어떤 일에 관계하여 참여하다. 예 내 일에 더 이상 <u>관여하지</u> 마시오.	★ 2018 수능 직접성은 정부가 공공 활동의 수행과 재원 조달에 직접 <u>관여하는</u> 정도를 의미한다. ➕ 개입(介入): 자신과 직접적인 관계가 없는 일에 끼어듦.
난감하다 어려울 難 ㅣ견딜 堪	이러지도 저러지도 못하여 견뎌 내거나 감당하기 어렵다. 예 회장 선거에서 누구를 뽑아야 할지 선택하기 <u>난감했다</u>.	🔵 난처(難處)하다: 이럴 수도 없고 저럴 수도 없어 처신하기 곤란하다.
방치 놓을 放 ㅣ둘 置	내버려 둠. 예 쓰레기의 <u>방치</u>로 온 동네가 지저분해졌다.	➕ 방관(傍觀): 어떤 일에 직접 나서서 관여하지 않고 곁에서 보기만 함.
봉착하다 만날 逢 ㅣ붙을 着	어떤 처지나 상태에 부닥치다. 예 지금 우리는 뜻하지 않은 문제에 <u>봉착했다</u>.	🔵 당면(當面)하다: 바로 눈앞에 당하다.
생동감 날 生 ㅣ움직일 動 ㅣ느낄 感	생기 있게 살아 움직이는 듯한 느낌. 예 이 조각상은 <u>생동감</u>이 넘쳐흐른다.	★ 2019 수능 '삼월에 눈', '새로 돋은 정맥' 등은 시인이 봄의 <u>생동감</u>을 형상화한 시어이다.
생소하다 날 生 ㅣ드물 疏	어떤 대상이 친숙하지 못하고 낯이 설다. 예 길이 <u>생소하여</u> 어디가 어딘지 알 수가 없었다.	🔵 생경(生硬)하다: 익숙하지 않아 어색하다.
향유 누릴 享 ㅣ있을 有	누리어 가짐. 예 문화와 예술의 <u>향유</u>에 대한 관심이 높아졌다.	

동음이의어 같을 同 | 소리 音 | 다를 異 | 뜻 義 | 말씀 語	소리는 같으나 뜻이 다른 단어. 예 사람의 '다리' – 강을 건너는 '다리' 사람의 '배' – 타는 '배' – 먹는 '배' 실을 '감다' – 눈을 '감다' – 머리를 '감다' 벽지를 '바르다' – 생선 가시를 '바르다' – 행동이 '바르다'	**더 알기** 동음이의어는 의미 사이에 연관성이 없으므로 국어사전에서 다른 표제어로 구분하여 수록한다.
다의어 많을 多 | 뜻 義 | 말씀 語	하나의 단어가 두 가지 이상의 관련된 의미로 쓰이는 단어. 예 ┌ 철수는 머리가 크다. → 사람의 목 위의 부분. └ 철수는 머리가 좋다. → 생각하고 판단하는 능력. ┌ 아기의 배가 나왔다. → 사람의 가슴과 엉덩이 사이의 부위. └ 항아리의 배가 불룩하다. → 긴 물건 가운데의 볼록한 부분.	**더 알기** 다의어는 의미가 서로 관련되므로 사전에서 하나의 표제어로 수록한다.

■ **한자 성어 | 관용구 | 속담** '말'과 관련이 있는 한자 성어

이구동성 다를 異 | 입 口 | 같을 同 | 소리 聲	입은 다르나 목소리는 같다는 뜻으로, 여러 사람의 말이 한결같음을 이르는 말. 예 모든 사람들이 그를 이구동성으로 칭찬한다.	
이실직고 써 以 | 열매 實 | 곧을 直 | 아뢸 告	사실 그대로 고함. 예 네가 한 잘못에 대해 이실직고를 한다면 용서를 받을 수 있을 것이다.	**더 알기** 같은 의미의 한자 성어로 '이실고지(以實告之)'가 있다.
일언지하 하나 一 | 말씀 言 | 어조사 之 | 아래 下	한 마디로 잘라 말함. 또는 두말할 나위 없음. 예 그는 일언지하에 내 부탁을 거절하였다.	**더 알기** '일언지하'는 주로 '일언지하에'의 형태로 쓰인다.
자문자답 스스로 自 | 물을 問 | 스스로 自 | 대답할 答	스스로 묻고 스스로 대답함. 예 나는 앞으로 어떻게 살아갈 것인가에 대해 자문자답을 하였다.	
자화자찬 스스로 自 | 그림 畫 | 스스로 自 | 기릴 讚	자기가 그린 그림을 스스로 칭찬한다는 뜻으로, 자기가 한 일을 스스로 자랑함을 이르는 말. 예 자화자찬이라고 할 수도 있겠지만, 내가 끓인 김치찌개는 정말 맛있다.	**더 알기** '자격지심(自激之心)'은 자기가 한 일에 대하여 스스로 미흡하게 여기는 마음을 뜻하는 것으로 '자화자찬'과는 대조적인 의미를 지닌다.

01~08 다음 십자말풀이를 완성하시오.

01				02				
		03						
								05
04								
			07					
08						06		

가로
01 어떤 일에 관계하여 참여하다.
02 어떤 대상이 친숙하지 못하고 낯이 설다.
04 어떤 처지나 상태에 부닥치다.
06 하나의 단어가 두 가지 이상의 관련된 의미로 쓰이는 단어.
07 사실 그대로 고함.
08 어떤 일에 직접 나서서 관여하지 않고 곁에서 보기만 함.

세로
01 어떤 사회에서 오랫동안 지켜 내려와 그 사회 성원들이 널리 인정하는 질서나 풍습.
02 생기 있게 살아 움직이는 듯한 느낌.
03 이러지도 저러지도 못하여 견뎌 내거나 감당하기 어렵다.
05 소리는 같으나 뜻이 다른 단어.
07 입은 다르나 목소리는 같다는 뜻으로, 여러 사람의 말이 한결같음을 이르는 말.
08 내버려 둠.

09~10 다음 문장에 어울리는 어휘를 고르시오.

09 그는 더욱 많은 물질적 부의 (향유 | 향상)를 위해 수단과 방법을 가리지 않고 돈을 모았다.

10 (자격지심 | 자화자찬)처럼 들릴지는 모르겠지만 이 작품은 내가 온 정성을 기울여서 만든 것이다.

11~12 〈보기〉의 글자를 조합하여 다음 뜻에 해당하는 한자 성어를 쓰고, 이를 활용하여 문장을 만드시오.

보기

| 하 | 문 | 일 | 지 | 답 | 자 | 언 |

11 스스로 묻고 스스로 대답함.
→ ☐☐☐☐ : _____

12 한 마디로 잘라 말함. 또는 두말할 나위 없음.
→ ☐☐☐☐ : _____

✔ 개념 확인
13 〈보기〉의 밑줄 친 단어의 관계가 동음이의 관계인지 다의 관계인지 구분하여 번호를 쓰시오.

보기

① 편지를 <u>쓰다</u>. – 방독면을 <u>쓰다</u>.
② <u>아침</u>이 되어 해가 솟았다. – <u>아침</u>을 먹고 학교에 갔다.
③ <u>손</u>을 씻고 나오너라. – 농촌에서 농사일이 바쁜 시기에는 <u>손</u>이 모자란다.

동음이의 관계	다의 관계

맞힌 개수	( ) / 13문항
복습할 어휘	

📕 필수 어휘

감수성 느낄 感 | 받을 受 | 성질 性	외부 세계의 자극을 받아들이고 느끼는 성질. 예 언니는 <u>감수성</u>이 풍부해서 소설을 읽으며 눈물을 흘릴 때가 많다.	★ 2015 수능 오늘날에는 미적 <u>감수성</u>을 심오한 지혜의 하나로 보는 견해가 퍼져 있다.
낙담 떨어질 落 | 쓸개 膽	너무 놀라 간이 떨어지는 듯하다는 뜻으로, 바라던 일이 뜻대로 되지 않아 마음이 몹시 상함. 예 시험에 떨어진 그는 <u>낙담</u>이 이만저만이 아니다.	★ 2015 수능 네 재주로도 할 일은 있을 터이니 너무 <u>낙담</u>하지 마라. 유 낙심(落心): 바라던 일이 이루어지지 아니하여 마음이 상함.
낙천적 즐길 樂 | 하늘 天 | 과녁 的	세상과 인생을 즐겁고 좋은 것으로 여기는. 또는 그런 것. 예 그녀는 워낙 <u>낙천적</u>이어서 가난을 걱정하지 않았다.	유 낙관적(樂觀的): 인생이나 사물을 밝고 희망적인 것으로 보는. 또는 그런 것.
배타적 물리칠 排 | 다를 他 | 과녁 的	남을 배척하는. 또는 그런 것. 예 그의 태도는 너무 <u>배타적</u>이어서 사람들이 좋아하지 않는다.	➕ 배척(排斥): 따돌리거나 거부하여 밀어 내침.
본질 근본 本 | 바탕 質	본디부터 가지고 있는 사물 자체의 성질이나 모습. 예 그 둘은 모양은 다르지만 <u>본질</u>은 같다.	★ 2017 수능 (나)의 개울물 '저쪽'은 개울물 '이쪽'과 대비되는 곳으로 예술의 <u>본질</u>을 추구하던 서연이 도달하게 되는 공간이군.
부산물 버금 副 | 낳을 産 | 만물 物	어떤 일을 할 때에 부수적으로 생기는 일이나 현상. 예 환경 오염은 공업화의 <u>부산물</u>이다.	더알기 '부산물'에서 '-물'은 '물건' 또는 '물질'의 뜻을 더하는 말이다. 예 농산물 | 불순물 | 화합물
이주민 옮길 移 | 살 住 | 백성 民	다른 곳으로 옮겨 가서 사는 사람. 또는 다른 지역에서 옮겨 와서 사는 사람. 예 원주민과 <u>이주민</u> 사이의 갈등은 점차 해소되었다.	반 원주민(原住民): 그 지역에 본디부터 살고 있는 사람들.
이타적 이로울 利 | 다를 他 | 과녁 的	자기의 이익보다는 다른 이의 이익을 더 꾀하는. 또는 그런 것. 예 <u>이타적</u>인 행동이 행복 지수를 높여 준다는 연구 결과가 있다.	반 이기적(利己的): 자기 자신의 이익만을 꾀하는. 또는 그런 것.

📕 필수 개념 문법

자의성
마음대로 恣 | 뜻 意 | 성질 性

언어에서, 소리와 의미의 관계가 필연적이지 않은 특성.
예 '🌳'를 한국어로는 '나무[나무]'라고 하지만 영어로는 'tree[트리]', 일본어로는 'き[키]', 독일어로는 'baum[바움]'이라고 한다.

더알기 언어에 동음이의어가 존재한다는 것은 소리와 의미의 관계가 필연적이지 않기 때문이다.

사회성
모일 社 | 모일 會 | 성질 性

언어에서, 소리와 의미의 관계가 사회적으로 약속된 것이어서 개인이 마음대로 바꿀 수 없는 특성.
예 '🌸'을 '꽃'이라고 부르는 것은 우리 사회의 약속이므로, '🌸'을 자기 마음대로 '나무'라고 부를 수는 없다.

더알기 소리와 의미의 관계는 자의적이지만 이것이 사회적으로 통용되기 위해서는 반드시 사회적인 약속이 있어야 한다.

역사성
지낼 歷 | 역사 史 | 성질 性

언어에서, 시간이 흐름에 따라 있던 말이 사라지거나 새로운 말이 생기기도 하고, 소리와 의미가 변하기도 하는 특성.
예 '즈믄(千)'처럼 있던 말이 사라짐. '인터넷'과 같은 새말이 생김. '나모'가 '나무'로 소리가 변함. '어리다'의 뜻이 '어리석다'에서 '나이가 적다'로 의미가 변함.

더알기 새로운 대상이나 개념이 생기면 새말이 함께 생겨나고, 과거에 있던 대상이나 개념이 사라지면 말도 사라지거나 의미가 변하게 된다.

창조성
비롯할 創 | 지을 造 | 성질 性

창조하는 성질. 또는 창조적인 특성. 인간이 한정된 단어를 가지고 무한히 많은 문장을 만들 수 있는 특성.
예 '엄마', '꽃', '사랑하다' → 엄마는 꽃이야. 엄마는 꽃을 사랑한다. 엄마, 꽃을 사랑해요? 꽃보다 엄마를 사랑한다.

더알기 창조성은 동물의 의사소통과는 다른 인간만이 지닌 특성이다.

📕 한자 성어 | 관용구 | 속담 '핑계, 남 탓'과 관련이 있는 속담

가랑잎이 솔잎더러 바스락거린다고 한다

더 바스락거리는 가랑잎이 솔잎더러 바스락거린다고 나무란다는 뜻으로, 자기의 허물은 생각하지 않고 도리어 남의 허물만 나무라는 경우를 비유적으로 이르는 말.
예 가랑잎이 솔잎더러 바스락거린다고 한다더니, 다른 사람을 탓하기 전에 자기의 행동부터 반성해야 하지 않을까?

더알기 '허물'은 잘못 저지른 실수 또는 흉을 뜻한다.

글 잘 쓰는 사람은 필묵을 탓하지 않는다

능력이 있는 사람이나 능숙한 사람은 일을 하는 데 있어서 도구가 좋지 아니하더라도 잘한다는 말.
예 글 잘 쓰는 사람은 필묵을 탓하지 않는다더니, 아버지는 변변치 않은 공구로도 뚝딱 물건을 만들어 내셨다.

더알기 '필묵'은 붓과 먹을 아울러 이르는 말로, 글을 쓰기 위한 도구를 빗대어 표현한 말이다.

물에 빠진 놈 건져 놓으니까 내 봇짐 내라 한다

남에게 은혜를 입고서도 그 고마움을 모르고 생트집을 잡음을 이르는 말.
예 물에 빠진 놈 건져 놓으니까 내 봇짐 내라 한다더니, 시험 범위를 알려달라고 해서 알려 주었더니 노트 필기는 왜 안 보여 주냐고 트집을 잡아 어이 없었다.

더알기 '봇짐'은 등에 지기 위하여 물건을 보자기에 싸서 꾸린 짐을 뜻한다.

01~05 제시된 초성과 뜻을 참고하여 빈칸에 들어갈 어휘를 쓰시오.

01 ㄴㄷ : 바라던 일이 뜻대로 되지 않아 마음이 몹시 상함.

→ 시험에 불합격했다는 소식은 나에게 (   )을 안겨 주었다.

02 ㅂㅈ : 본디부터 가지고 있는 사물 자체의 성질이나 모습.

→ 겉으로 드러난 현상보다는 그 (   )을 파악하는 것이 중요하다.

03 ㄱㅅㅅ : 외부 세계의 자극을 받아들이고 느끼는 성질.

→ 그 이야기는 (   )이 한창 예민한 소녀들의 눈물을 자아냈다.

04 ㅂㅅㅁ : 어떤 일을 할 때에 부수적으로 생기는 일이나 현상.

→ 볏짚이나 쌀겨 같은 농업 (   )로 사료를 만들었다.

05 ㅇㅈㅁ : 다른 곳으로 옮겨 가서 사는 사람. 또는 다른 지역에서 옮겨 와서 사는 사람.

→ 국가의 정책에 따라 다른 곳에서 사람들이 오게 되면서 그 지방에는 원주민보다 (   )
이 더 많아졌다.

06~08 다음 뜻에 해당하는 속담을 찾아 바르게 연결하시오.

06 능력이 있는 사람이나 능숙한 사람은 일을 하는 데
있어서 도구가 좋지 아니하더라도 잘한다는 말. ·

· ㉠ 가랑잎이 솔잎더러 바스락거
린다고 한다

07 남에게 은혜를 입고서도 그 고마움을 모르고 생트집
을 잡음을 이르는 말. ·

· ㉡ 글 잘 쓰는 사람은 필묵을 탓
하지 않는다

08 자기의 허물은 생각하지 않고 도리어 남의 허물만
나무라는 경우를 비유적으로 이르는 말. ·

· ㉢ 물에 빠진 놈 건져 놓으니까
내 봇짐 내라 한다

09~11 빈칸에 들어갈 어휘를 〈보기〉의 글자를 조합하여 쓰시오.

〈보기〉

| 배 | 적 | 이 | 낙 | 타 | 천 |

09 그는 ☐☐☐인 태도 때문에 친구가 거의 없다.

10 경희는 어려운 일이 있어도 여유를 잃지 않는 ☐☐☐인 성격을 지녔다.

11 장기려 박사는 평생 가난한 사람들을 돕는 의사로, ☐☐☐인 삶을 살았다.

✅ 개념 확인

12~15 〈보기〉의 내용을 자의성, 사회성, 역사성, 창조성으로 구분하여 번호로 쓰시오.

〈보기〉

① 시간의 흐름에 따라 언어가 변하는 특성.
② 언어에서, 소리와 의미의 관계가 필연적이지 않은 특성.
③ 인간이 한정된 단어를 가지고 무한히 많은 문장을 만들 수 있는 특성.
④ 소리와 의미의 관계가 사회적으로 약속된 것이어서 개인이 언어를 마음대로 바꿀 수 없는 특성.
⑤ '★'을 우리말로는 별[별]이라고 하지만, 영어로는 'star'[스타], 프랑스어로는 'étoile'[에뜨왈르]라고 한다.
⑥ '스마트폰'처럼 새로운 말이 생기기도 하고, '불휘'가 '뿌리'로 변하기도 하며, '온'이나 '즈믄'처럼 사라지는 말도 있다.
⑦ 어떤 사람이 '떡'을 '딸꾹'이라고 부르기로 하고, "딸국 주세요."라고 말한다면 사람들과 의사소통이 되지 않을 것이다.
⑧ '우리', '축제'라는 단어를 결합하여 '우리 축제에 놀러 와.', '우리 학교 축제가 열린다.', '우리는 축제에 함께 간다.' 등 다양한 문장을 만들 수 있다.

12 자의성: _____

13 사회성: _____

14 역사성: _____

15 창조성: _____

🎯 맞힌 개수	( ) / 15문항
☑ 복습할 어휘	

📘 필수 어휘

감안 정할 勘 | 책상 案	여러 사정을 참고하여 생각함. 예 가족 여행을 계획할 때에는 가족들의 체력에 대한 <u>감안</u>이 필요하다.	⭐ **2018 수능** 현실을 <u>감안</u>할 때, A국의 환율 상승은 수입품의 가격 상승 등에 따른 부작용을 초래할 것으로 예상된다. 유 **참작(參酌)**: 이리저리 비추어 보아서 알맞게 고려함.
기하급수적 기미 幾 | 어찌 何 | 등급 級 | 셀 數 | 과녁 的	증가하는 수나 양이 아주 많은. 또는 그런 것. 예 그 나라의 인구는 <u>기하급수적</u>으로 늘어나고 있다.	⭐ **2019 수능** 로봇 사용이 사회 전반에 빠르게 확산되는 현실을 고려할 때, 로봇 사용으로 인한 일자리 대체 규모가 <u>기하급수적</u>으로 커질 것이다.
긴밀하다 팽팽할 緊 | 빽빽할 密	서로의 관계가 매우 가까워 빈틈이 없다. 예 두 사람은 친형제처럼 <u>긴밀한</u> 사이이다.	⭐ **2016 수능** 무대 위의 상황이 당대의 농촌 현실과 <u>긴밀하게</u> 연관되어 있음을 보여 주는군. 반 **성기다**: 관계가 깊지 않고 서먹하다.
무고하다 없을 無 | 연고 故	「1」 아무런 까닭이 없다. 예 우리 반에는 <u>무고하게</u> 결석하는 사람은 없다. 「2」 사고 없이 평안하다. 예 그동안 댁내 두루 <u>무고하셨습니까</u>?	➕ **무고(無辜)하다**: 아무런 잘못이나 허물이 없다.
무모하다 없을 無 | 꾀할 謀	앞뒤를 잘 헤아려 깊이 생각하는 신중성이나 꾀가 없다. 예 그는 깊은 강물에 <u>무모하게</u> 뛰어들었다.	⭐ **2015 수능** 너의 용기는 <u>무모</u>하니 현실을 직시하면 성공할 날이 곧 올 거야.
부합하다 부신 符 | 합할 合	사물이나 현상이 서로 꼭 들어맞다. 예 국민 투표는 민주 정치의 근본이념과 <u>부합하는</u> 제도이다.	
숙고 익을 熟 | 생각할 考	곰곰 잘 생각함. 또는 그런 생각. 예 여러 날의 <u>숙고</u> 끝에 최선의 해결책을 얻었다.	유 **심사숙고(深思熟考)**: 깊이 잘 생각함.
익살	남을 웃기려고 일부러 하는 말이나 몸짓. 예 그의 특유의 <u>익살</u>에 모두 웃음을 터뜨렸다.	

■ 필수 개념 문법

품사
등급 品 | 말씀 詞

단어를 성질이 공통된 것끼리 모아 갈래를 지어 놓은 것.

품사의 분류 기준

- **형태** 단어는 문장에서 쓰일 때 형태가 변하는 단어와 형태가 변하지 않는 단어로 나눌 수 있음.
- **기능** 단어는 문장에서 어떤 기능을 하느냐에 따라 체언, 용언, 수식언, 관계언, 독립언으로 나눌 수 있음.
- **의미** 단어는 의미에 따라 명사, 대명사, 수사, 동사, 형용사, 관형사, 부사, 조사, 감탄사로 나눌 수 있음.

> **더알기** 우리나라의 학교 문법에서는 품사를 명사, 대명사, 수사, 동사, 형용사, 관형사, 부사, 조사, 감탄사의 아홉 가지로 분류한다.

체언
몸 體 | 말씀 言

문장에서 주로 동작이나 상태의 주체(누가/무엇이)가 되거나 동작의 대상(누구를/무엇을)이 되는 명사, 대명사, 수사를 통틀어 이르는 말.

체언

명사	구체적인 대상이나 추상적인 대상의 이름을 나타내는 단어. 예 눈물, 희망, 이순신 등
대명사	사람이나 사물, 장소의 이름을 대신하여 가리키는 단어. 예 너, 그것, 여기 등
수사	수량이나 순서를 나타내는 단어. 예 둘, 삼, 다섯째 등

> **더알기** 체언은 문장에서 쓰일 때 형태가 변하지 않으며 조사와 결합할 수 있다.

■ 한자 성어 | 관용구 | 속담 '말'과 관련이 있는 한자 성어

감언이설
달 甘 | 말씀 言 | 이로울 利 | 말씀 說

귀가 솔깃하도록 남의 비위를 맞추거나 이로운 조건을 내세워 꾀는 말.
예 그는 큰돈을 벌게 해 주겠다는 <u>감언이설</u>에 속아 전 재산을 잃었다.

언중유골
말씀 言 | 가운데 中 | 있을 有 | 뼈 骨

말 속에 뼈가 있다는 뜻으로, 예사로운 말 속에 단단한 속뜻이 들어 있음을 이르는 말.
예 <u>언중유골</u>이라더니, 그냥 한 말이 아니었군.

유언비어
흐를 流 | 말씀 言 | 날 蜚 | 말씀 語

아무 근거 없이 널리 퍼진 소문.
예 사람들이 <u>유언비어</u>로 술렁거리기 시작했다.

일언반구
하나 一 | 말씀 言 | 반 半 | 구절 句

한 마디 말과 반 구절이라는 뜻으로, 아주 짧은 말을 이르는 말.
예 오빠가 내겐 <u>일언반구</u>도 없이 내 자전거를 처분해 버렸다.

> **더알기** 같은 의미의 한자 성어로 '일언반사(一言半辭)'라는 말이 있다.

중언부언
거듭 重 | 말씀 言 | 다시 復 | 말씀 言

이미 한 말을 자꾸 되풀이함. 또는 그런 말.
예 그는 앞뒤가 맞지 않는 말을 <u>중언부언</u> 늘어놓았다.

01~04 **제시된 초성과 뜻을 참고하여 빈칸에 들어갈 어휘를 쓰시오.**

01 ㄱㅇ : 여러 사정을 참고하여 생각함.

예 그가 나이가 많음을 (　　　　　　)하면 이번 일은 무리이다.

02 ㅅㄱ : 곰곰 잘 생각함. 또는 그런 생각.

예 하룻밤의 여유를 주면 이번 문제에 대해 제 나름대로 (　　　　　)해 보겠습니다.

03 ㅇㅅ : 남을 웃기려고 일부러 하는 말이나 몸짓.

예 동생의 (　　　　　　)스러운 표정에 어른들은 모두 크게 웃으셨다.

04 ㄱㅎㄱㅅㅈ : 증가하는 수나 양이 아주 많은. 또는 그런 것.

예 표준 체중보다 체중이 증가하면 당뇨병의 발생률도 (　　　　　)으로 상승한다.

☑ **개념 확인**

05 **품사와 체언에 대한 설명으로 적절한 것을 모두 고르시오.**

①　우리말에는 9개의 품사가 있다.
②　체언은 문장에서 쓰일 때 형태가 변한다.
③　체언은 문장에서 주로 서술하는 역할을 한다.
④　품사의 분류 기준으로는 형태, 기능, 의미가 있다.
⑤　품사는 단어를 성질이 공통된 것끼리 모아 갈래를 지어 놓은 것이다.

☑ **개념 확인**

06 **〈보기〉의 단어를 명사, 대명사, 수사로 구분하여 쓰시오.**

보기

| 당신 | 사랑 | 셋째 | 스물 | 우리 | 저곳 | 제주도 | 할머니 |

명사	대명사	수사

07~11 다음 뜻에 해당하는 한자 성어를 〈보기〉에서 찾아 쓰시오.

〈보기〉

감언이설   언중유골   유언비어   일언반구   중언부언

07 아무 근거 없이 널리 퍼진 소문.   _____

08 이미 한 말을 자꾸 되풀이함. 또는 그런 말.   _____

09 한 마디 말과 반 구절이라는 뜻으로, 아주 짧은 말을 이르는 말.   _____

10 귀가 솔깃하도록 남의 비위를 맞추거나 이로운 조건을 내세워 꾀는 말. _____

11 말 속에 뼈가 있다는 뜻으로, 예사로운 말 속에 단단한 속뜻이 들어 있음을 이르는 말.

_____

12~15 〈보기〉의 글자를 조합하여 다음 뜻에 해당하는 어휘를 쓰고, 이를 활용하여 문장을 만드시오.

〈보기〉

무   긴   모   부   합   고   밀

12 사고 없이 평안하다.

→ ☐☐하다: _____

13 사물이나 현상이 서로 꼭 들어맞다.

→ ☐☐하다: _____

14 서로의 관계가 매우 가까워 빈틈이 없다.

→ ☐☐하다: _____

15 앞뒤를 잘 헤아려 깊이 생각하는 신중성이나 꾀가 없다.

→ ☐☐하다: _____

☑ 맞힌 개수	( ) / 15문항
☑ 복습할 어휘	

📖 필수 어휘

결연하다 결정할 決 | 그럴 然	마음가짐이나 행동에 있어 **태도가 움직일 수 없을 만큼 확고하다.** 예 우리는 그에게서 결연한 태도를 엿볼 수 있었다.	➕ 결연(結緣)하다: 인연을 맺다.
기이하다 기이할 奇 | 다를 異	기묘하고 이상하다. 예 나는 간밤에 기이한 꿈을 꿨다.	🔄 기괴(奇怪)하다: 외관이나 분위기가 괴상하고 기이하다.
무궁무진 없을 無 | 다할 窮 | 없을 無 | 다할 盡	끝이 없고 다함이 없음. 예 그는 재주가 무궁무진으로 많다.	
분간 나눌 分 | 가릴 揀	「1」 사물이나 사람의 옳고 그름, 좋고 나쁨 따위와 그 정체를 구별하 거나 가려서 앎. 예 나는 그 아이의 말이 장난인지 진심인지 분간이 안 갔다. 「2」 어떤 대상이나 사물을 다른 것과 구별하여 냄. 예 진짜 보석과 가짜 보석의 분간은 전문가만이 할 수 있다.	
선별 가릴 選 | 나눌 別	가려서 따로 나눔. 예 수확한 농산물을 크기에 따라 선별, 포장하는 작업을 하였다.	➕ 판별(判別): 옳고 그름이나 좋고 나쁨을 판단하여 구별함. 또는 그런 구별.
숙연하다 엄숙할 肅 | 그럴 然	고요하고 엄숙하다. 예 그의 말에 모두가 감동하여 자리가 숙연했다.	⭐ 2016 수능 다시는 아침 햇살 속에 기왓골에 서리를 이고 서 있는 숙연한 고가를 볼 수 없다니.
절개 마디 節 | 절개 概	신념, 신의 따위를 굽히지 아니하고 굳게 지키는 꿋꿋한 태도. 예 그는 온갖 어려움 속에서도 절개를 지켰다.	
점진적 차차 漸 | 나아갈 進 | 과녁 的	조금씩 앞으로 나아가는. 또는 그런 것. 예 그는 점진적 복지 방안을 제시하였다.	➕ 급진적(急進的): 변화나 발전의 속도가 급하게 이루어지는. 또는 그런 것.

📘 필수 개념 문법

용언
쓸 用 | 말씀 름

문장에서 주로 서술하는 역할을 하는 동사, 형용사를 통틀어 이르는 말.

용언	
동사	사람이나 사물의 움직임을 나타내는 단어. 예 웃다, 잡다, 시작하다 등
형용사	사람이나 사물의 상태나 성질을 나타내는 단어. 예 춥다, 기쁘다, 푸르다 등

더알기 동사는 현재를 나타내는 어미 '-는/ㄴ', 명령형 어미 '-아라/어라', 청유형 어미 '-자'와 결합할 수 있으나 형용사는 불가능하다.

활용
살 活 | 쓸 用

용언의 어간에 여러 어미가 결합하여 말의 형태가 변하는 것.
예 웃다 → 웃어, 웃네, 웃니, 웃지, 웃어라……
맑다 → 맑아, 맑네, 맑니, 맑지, 맑구나……

어간과 어미	
어간	용언이 활용할 때 변하지 않는 부분. 기본형에서 '-다'를 뺀 형태. 예 '예쁘고'의 '예쁘-', '일어나자'의 '일어나-'
어미	용언이 활용할 때 어간 뒤에 붙어서 변하는 부분. 예 '예쁘고'의 '-고', '일어나자'의 '-자'

더알기 활용하는 단어에서 활용형의 기본이 되는 형태를 기본형이라 한다. 국어에서는 어간에 어미 '-다'를 붙인 것이 기본형이다.

📘 한자 성어 | 관용구 | 속담 '코'와 관련이 있는 관용구

코가 꿰이다
약점이 잡히다.
예 그는 그녀에게 무슨 코가 꿰이었는지 꼼짝도 못한다.

코가 납작해지다
몹시 무안을 당하거나 기가 죽어 위신이 뚝 떨어지다.
예 그날 싸움에서 코가 납작해진 소년은 학교에 가길 싫어하였다.

더알기 '위신(威信)'은 위엄(존경할 만한 힘이 있어 점잖고 엄숙함)과 신망(믿고 기대함)을 뜻한다.

코가 빠지다
근심에 싸여 기가 죽고 맥이 빠지다.
예 가뭄이 길어지자 마을 사람들 모두 코가 빠져 아무 일도 하지 못했다.

코빼기도 못 보다
도무지 나타나지 않아 전혀 볼 수 없음을 낮잡아 이르는 말.
예 무슨 일을 하고 다니는지 요새는 통 그의 코빼기도 못 보았다.

콧등이 시큰하다
어떤 일에 감격하거나 슬퍼서 눈물이 나오려 하다.
예 그녀는 1년 만에 돌아온 아들을 보자 갑자기 콧등이 시큰했다.

01~05 다음 뜻에 해당하는 어휘를 찾아 표시하시오. (가로, 세로, 대각선으로 표시할 것)

01 가려서 따로 나눔.

02 끝이 없고 다함이 없음.

03 조금씩 앞으로 나아가는. 또는 그런 것.

04 신념, 신의 따위를 굽히지 아니하고 굳게 지키는 꿋꿋한 태도.

05 사물이나 사람의 옳고 그름, 좋고 나쁨 따위와 그 정체를 구별하거나 가려서 앎.

기	이	상	시	소	행	급
묘	무	실	비	장	분	진
하	현	궁	판	단	간	적
다	절	제	무	고	생	구
개	서	방	치	진	나	멍
점	선	별	미	묘	하	다
숙	연	하	다	점	진	적

06~10 다음 뜻에 해당하는 관용구를 찾아 바르게 연결하시오.

06 약점이 잡히다. •

07 근심에 싸여 기가 죽고 맥이 빠지다. •

08 도무지 나타나지 않아 전혀 볼 수 없다. •

09 몹시 무안을 당하거나 기가 죽어 위신이 뚝 떨어지다. •

10 어떤 일에 감격하거나 슬퍼서 눈물이 나오려 하다. •

• ㉠ 코가 꿰이다

• ㉡ 코가 빠지다

• ㉢ 코가 납작해지다

• ㉣ 콧등이 시큰하다

• ㉤ 코빼기도 못 보다

✅ 개념 확인

11 제시된 개념의 뜻을 화살표를 따라가며 찾고, 맨 마지막에 선택된 개념의 뜻을 〈보기〉에서 고르시오.

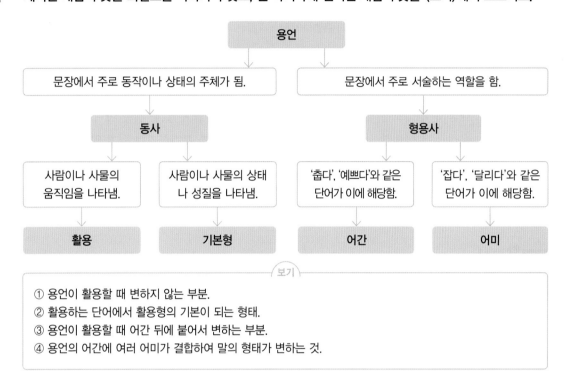

① 용언이 활용할 때 변하지 않는 부분.
② 활용하는 단어에서 활용형의 기본이 되는 형태.
③ 용언이 활용할 때 어간 뒤에 붙어서 변하는 부분.
④ 용언의 어간에 여러 어미가 결합하여 말의 형태가 변하는 것.

12~14 다음 어휘를 활용하여 문장을 만드시오.

12 기이하다: 기묘하고 이상하다.

_____

13 숙연하다: 고요하고 엄숙하다.

_____

14 결연하다: 마음가짐이나 행동에 있어 태도가 움직일 수 없을 만큼 확고하다.

_____

🔘 맞힌 개수	( ) / 14문항
☑ 복습할 어휘	

01 〈보기〉는 '분간'의 두 가지 의미이다. 각 의미에 해당하는 예문으로 적절하지 <u>않은</u> 것은?

> 보기
>
> ㄱ. 사물이나 사람의 옳고 그름, 좋고 나쁨 따위와 그 정체를 구별하거나 가려서 앎.
> ㄴ. 어떤 대상이나 사물을 다른 것과 구별하여 냄.

① ㄱ: 수현이는 창석이의 말이 진담인지 농담인지 <u>분간</u>이 되지 않았다.

② ㄱ: 아무리 비슷한 쌍둥이들이라고 해도 자세히 보면 <u>분간</u>이 가능하다.

③ ㄴ: 대중 문학이 모든 면에서 순수 문학과 확실히 <u>분간</u>될 수 있는 것은 아니다.

④ ㄴ: 우리 같은 평범한 사람들이 위조지폐와 진짜 지폐를 <u>분간</u>하기는 쉽지 않다.

⑤ ㄴ: 갑자기 방안이 어두워지자 나는 바로 옆에 서 있는 사람들이 누구인지 <u>분간</u>을 할 수 없었다.

2017 수능 기출 응용

02 밑줄 친 어휘의 관계가 동음이의 관계가 <u>아닌</u> 것은?

① 그는 회사에서 가장 인사성이 <u>바른</u> 사람이다.

 – 시멘트를 <u>바른</u> 집이지만 흰 페인트가 깨끗하게 칠해져 있었다.

② 그들은 몸을 흔들어 대면서 스트레스를 <u>발산</u>하였다.

 – 모닥불은 따뜻한 기운을 <u>발산</u>하면서 타오르고 있었다.

③ 세계를 주도하는 사상들은 주로 그 <u>발원</u>을 아시아에서 찾을 수 있다.

 – 이 절은 신라 경덕왕 때 김대성의 <u>발원</u>으로 만들어진 것이다.

④ 당신은 도대체 무슨 권리로 <u>무고한</u> 사람을 데려가는 것입니까?

 – 부모 형제가 다 <u>무고한</u> 것이 첫째가는 복이다.

⑤ 백이와 숙제는 수양산에 들어가 고사리를 캐 먹으며 <u>절개</u>를 지켰다.

 – 다행히 <u>절개</u> 부위가 작아서 흉터가 안 보였다.

어법 ✚

03 품사를 형용사로 만들어 주는 말이 붙어서 형성된 단어와 그 의미를 바르게 제시한 것은?

① 소담스럽다: 생김새가 탐스러운 데가 있다.

② 부합하다: 사물이나 현상이 서로 꼭 들어맞다.

③ 감수성: 외부 세계의 자극을 받아들이고 느끼는 성질.

④ 다채롭다: 모양, 빛깔, 형태, 양식 따위가 여러 가지로 많다.

⑤ 낙천적: 세상과 인생을 즐겁고 좋은 것으로 여기는. 또는 그런 것.

04 ⓐ~ⓔ의 뜻으로 적절하지 <u>않은</u> 것은?

> 지금 전 세계는 ⓐ기하급수적으로 늘어나는 인구 문제에 ⓑ봉착했다. 요즘 같은 인구 추세라면 2050년 세계 인구는 현재의 70억 명을 훌쩍 넘는 90억 명이 된다. 그렇다고 농경지가 늘어나지도 않는다. 어떻게 90억 인구를 먹여 살릴 것인가. 유엔 식량농업기구는 이 문제에 대해 ⓒ숙고한 끝에 곤충을 식량으로 사용하는 방안을 제안했다. 물론 많은 사람들이 ⓓ흉물스러운 곤충을 먹는 것에 대해 거부감을 표현했지만, 곤충에 포함되어 있는 ⓔ무궁무진한 영양소에 대해 알게 된다면 생각을 바꿀 수도 있을 것이다.

① ⓐ: 증가하는 수나 양이 아주 많은. 또는 그런 것.
② ⓑ: 어떤 처지나 상태에 부닥침.
③ ⓒ: 지나간 일을 되돌아보며 반성하고 살핌.
④ ⓓ: 모양이 흉하고 괴상한 데가 있는.
⑤ ⓔ: 끝이 없고 다함이 없는.

05 밑줄 친 한자 성어와 관용구의 쓰임이 적절하지 <u>않은</u> 것은?

① 그에 대한 안타까운 소식을 듣고 그녀는 <u>혀를 찼다</u>.
② 아들 녀석은 시험을 망쳤는지 <u>코가 빠져</u> 집으로 돌아왔다.
③ 아버지는 더 들어 볼 가치도 없는 얘기라는 듯 <u>일언지하</u>에 반대하셨다.
④ 지난 정부의 정책은 <u>미봉책</u>에 불과할 뿐 근본적인 해결책은 될 수 없었다.
⑤ 나는 겉만 번지르르한 장사꾼의 <u>언중유골</u>에 속아서 쓸모없는 물건을 샀다.

06 밑줄 친 어휘를 바꾼 표현이 적절하지 <u>않은</u> 것은?

① 설악산의 주변 경관이 <u>수려했다</u>. → 빼어나게 아름다웠다
② 나는 그의 <u>결연한</u> 태도 속에서 굳은 의지를 느낄 수 있었다. → 확고한
③ 전염병의 원인이 되는 파리와 모기를 <u>박멸하자</u>. → 모조리 잡아 없애자
④ 그는 사람을 구하겠다고 깊은 강물에 <u>무모하게</u> 뛰어들었다. → 용감하게
⑤ 아들이 대학 입학시험에 떨어지자 어머니의 <u>낙담</u>은 이만저만한 게 아니었다. → 낙심

07 〈보기〉의 ㉠~㉤ 어디에도 들어갈 수 <u>없는</u> 것은?

> 〈보기〉
>
> ㉠ 그는 자신이 세계 최고의 요리사라고 (   )하며 다닌다.
> ㉡ 그는 글을 통해 우리 사회의 잘못된 제도와 (   )을 비판했다.
> ㉢ 철이는 자기 때문에 어머니가 쓰러지셨다는 (   )에 시달렸다.
> ㉣ 자신의 신앙만이 옳다고 생각하는 (   )인 태도는 바람직하지 않다.
> ㉤ 이 책의 글쓴이는 독자가 쉽게 이해할 수 있도록 용어를 (   )하여 사용하고 있다.

① 관습   ② 선별   ③ 가책
④ 배타적   ⑤ 자문자답

만화로 보는 고사성어

> ## 새옹지마
> 변방 塞 | 늙은이 翁 | 어조사 之 | 말 馬
>
> 인생의 길흉화복은 변화가 많아서 예측하기가 어렵다는 말. 옛날에 중국 변방에 사는 노인이 기르던 말이 오랑캐 땅으로 달아났는데, 그 후에 달아났던 말이 준마를 한 필 끌고 와서 그 덕분에 훌륭한 말을 얻게 되었으나 아들이 그 준마를 타다가 떨어져서 다리가 부러졌고, 그로 인하여 아들이 전쟁에 끌려 나가지 아니하고 죽음을 면할 수 있었다는 이야기에서 유래한다.

일 년 뒤 오랑캐가 쳐들어와서 나라 안이 발칵 뒤집혔다.

새옹지마의 사례로는 무엇이 있을까?

📗 필수 어휘

고정 관념 굳을 固 | 정할 定 | 볼 觀 | 생각할 念	잘 변하지 아니하는, 행동을 주로 결정하는 확고한 의식이나 관념. 예 고정 관념에서 벗어나라.	
무기력 없을 無 | 기운 氣 | 힘 力	어떤 일을 감당할 수 있는 **기운과 힘이 없음.** 예 거듭된 실패는 그를 무기력에 빠뜨렸다.	**더알기** '무기력'의 '무–'는 '그것이 없음'의 뜻을 더하는 말이다. 예 무감각 | 무의미 | 무자비
분산 나눌 分 | 흩을 散	갈라져 흩어짐. 또는 그렇게 되게 함. 예 주요 시설물을 분산 배치하였다.	**반** 집중(集中): 한곳을 중심으로 하여 모임. 또는 그렇게 모음. ➕ 산재(散在): 여기저기 흩어져 있음.
역량 힘 力 | 헤아릴 量	어떤 일을 해낼 수 있는 힘. 예 그는 역량 있는 지도자이다.	**더알기** '역량' 뒤에 '그것이 닿는 데까지'의 뜻을 더하는 '–껏'을 붙여 '역량껏'과 같은 단어를 만들 수 있다. 예 힘껏 | 마음껏 | 정성껏
질책 꾸짖을 叱 | 꾸짖을 責	꾸짖어 나무람. 예 호된 질책을 받다.	**유** 문책(問責): 잘못을 캐묻고 꾸짖음. **유** 질타(叱咤): 큰 소리로 꾸짖음.
탕진하다 털어 없앨 蕩 | 다할 盡	「1」 재물 따위를 다 써서 없애다. 예 그는 그 많은 유산을 놀고먹는 일에 탕진해 버렸다. 「2」 시간, 힘, 정열 따위를 헛되이 다 써 버리다. 예 축구 국가 대표 팀을 응원하느라 힘을 탕진했다.	
포괄적 쌀 包 | 묶을 括 | 과녁 的	일정한 대상이나 현상 따위를 어떤 범위나 한계 안에 모두 끌어넣는. 또는 그런 것. 예 내용이 너무 포괄적이다.	
함유하다 머금을 含 | 있을 有	물질이 어떤 성분을 포함하고 있다. 예 카페인을 많이 함유한 음료는 건강에 좋지 않다.	⭐ **2015 수능** 동물성 단백질은 필수아미노산을 함유하고 있다.

📘 필수 개념 문법

수식언 꾸밀 修 | 꾸밀 飾 | 말씀 言	뒤에 오는 말을 수식하거나 한정하기 위하여 첨가하는 관형사와 부사를 통틀어 이르는 말.	**더알기** 부사는 용언 외에도 부사, 관형사, 문장 전체 등 다양한 말을 꾸며 준다.

수식언의 종류

관형사	문장에서 체언을 꾸며 주는 단어. 예 헌 신발을 버리고 새 신발을 샀다.
부사	문장에서 주로 용언을 꾸며 주는 단어. 예 과연 그는 노래를 매우 잘 부른다.

관계언 관계할 關 | 묶을 係 | 말씀 言	문장에 쓰인 단어들의 관계를 나타내는 기능을 하는 조사를 이르는 말. 조사는 주로 체언 뒤에 붙어서 다른 말과의 문법적 관계를 나타내거나 특별한 뜻을 더해 줌. 예 은, 는, 이, 가, 을, 를, 이다 등	**더알기** '이다'는 서술격 조사로, 용언처럼 활용한다.

독립언 홀로 獨 | 설 立 | 말씀 言	홀로 독립하여 쓰이는 말로 감탄사가 이에 해당함. 감탄사는 말하는 사람의 놀람, 느낌, 부름이나 응답 등을 나타냄. 예 아, 그래, 응 등

📘 한자 성어 \| 관용구 \| 속담 '발전'과 관련이 있는 한자 성어

개과천선 고칠 改 | 지날 過 | 옮길 遷 | 착할 善	지난날의 잘못이나 허물을 고쳐 올바르고 착하게 됨. 예 그는 자신의 죄를 고하고 용서를 받음으로써 개과천선의 기회를 얻었다.
괄목상대 비빌 刮 | 눈 目 | 서로 相 | 대할 對	눈을 비비고 상대편을 본다는 뜻으로, 남의 학식이나 재주가 놀랄 만큼 부쩍 늚을 이르는 말. 예 비록 이번 대회에서는 좋은 성적을 내지 못했지만 앞으로 열심히 노력한다면 너희 팀이 괄목상대하게 될 것이라 믿는다.
일취월장 날 日 | 나아갈 就 | 달 月 | 장차 將	나날이 다달이 자라거나 발전함. 예 그가 마음을 먹고 공부하니 실력이 일취월장했다.
환골탈태 바꿀 換 | 뼈 骨 | 빼앗을 奪 | 아이 밸 胎	사람이 보다 나은 방향으로 변하여 전혀 딴사람처럼 됨. 예 그는 환골탈태라는 말이 실감 날 정도로 몰라보게 달라졌다.

01~05 빈칸에 공통으로 들어갈 어휘를 〈보기〉에서 찾아 쓰시오.

〈보기〉

분산　　　역량　　　질책　　　탕진　　　함유

01 가산을 (　　　)하다, 기력을 (　　　)하다

_____

02 칼슘을 (　　　)하다, 카페인을 (　　　)하다

_____

03 권력 집중 ↔ 권력 (　　　), 시선 집중 ↔ 시선 (　　　)

_____

04 (　　　)을 듣다, (　　　)을 당하다, (　　　)을 받다

_____

05 (　　　)을 발휘하다, (　　　)이 부족하다, (　　　)을 집중하다

_____

06~08 〈보기〉의 글자를 조합하여 다음 뜻에 해당하는 어휘를 쓰고, 이를 활용하여 문장을 만드시오.

〈보기〉

무	포	고	념	기
괄	관	력	정	적

06 어떤 일을 감당할 수 있는 기운과 힘이 없음.

→ ☐☐☐ : _____

07 잘 변하지 아니하는, 행동을 주로 결정하는 확고한 의식이나 관념.

→ ☐☐☐☐ : _____

08 일정한 대상이나 현상 따위를 어떤 범위나 한계 안에 모두 끌어넣는. 또는 그런 것.

→ ☐☐☐ : _____

09~12 제시된 초성을 참고하여 빈칸에 들어갈 한자 성어를 쓰시오.

09 악보를 볼 수 있게 된 후 동현이의 연주 실력은 ㅇㅊㅇㅈ하였다. _____

10 그의 수영 실력은 ㄱㅁㅅㄷ라 할 만큼 향상하여 우리를 놀라게 했다. _____

11 ㅎㄱㅌㅌ의 변화 없이는 위기를 극복하고 나아갈 수 없다고 생각했다. _____

12 그는 감옥에서 나오면 ㄱㄱㅊㅅ하여 참사람이 되라던 어머니의 간곡한 부탁을 떠올리며 마음을 다잡았다. _____

✔ **개념 확인**

13~14 다음 설명이 맞으면 ○에, 그렇지 않으면 ×에 표시하시오.

13 모든 조사는 형태가 변하지 않는다. (○ , ×)

14 독립언은 문장에서 놀람, 느낌, 부름, 응답 등을 나타내며 독립적으로 쓰인다. (○ , ×)

✔ **개념 확인**

15 〈보기〉의 문장에서 수식언을 찾아 관형사, 부사로 구분하여 쓰시오.

┌─ 보기 ─┐

그 신발이 너무 낡아서 새 신발을 샀다.

관형사	
부사	

◌ 맞힌 개수	( ) / 15문항
☑ 복습할 어휘	

📑 필수 어휘

관점 볼 觀 | 점찍을 點	사물이나 현상을 관찰할 때, 그 사람이 보고 생각하는 태도나 방향 또는 처지. 예 그들은 서로 다른 <u>관점</u>에서 대상을 바라보았다.	🔢 시각(視角): 사물을 관찰하고 파악하는 기본적인 자세.
대의 큰 大 | 옳을 義	사람으로서 마땅히 지키고 행하여야 할 큰 도리. 예 <u>대의</u>를 위해 목숨을 바치다.	
변론 말 잘할 辯 | 논의할 論	「1」 사리를 밝혀 옳고 그름을 따짐. 예 우리는 상대의 주장에 <u>변론</u>을 하며 토론을 했다. 「2」 소송 당사자나 변호인이 법정에서 주장하거나 진술함. 또는 그런 주장이나 진술. 예 판사는 변호인에게 최후 <u>변론</u>을 하라고 했다.	➕ 변호(辯護): ① 남의 이익을 위하여 변명하고 감싸서 도와 줌. ② 법정에서, 검사의 공격으 로부터 피고인의 이익을 옹호하 는 일.
불가사의 아닐 不 | 옳을 可 | 생각 思 | 의논할 議	사람의 생각으로는 미루어 헤아릴 수 없이 이상하고 야릇함. 예 이집트 피라미드는 세계 7대 <u>불가사의</u> 중 하나이다.	
실효성 열매 實 | 나타낼 效 | 성질 性	실제로 효과를 나타내는 성질. 예 이 제도는 <u>실효성</u>이 적다.	
의사소통 뜻 意 | 생각 思 | 트일 疏 | 통 할 通	가지고 있는 생각이나 뜻이 서로 통함. 예 그 사람과는 <u>의사소통</u>이 전혀 되지 않는다.	
인식 알 認 | 알 識	사물을 분별하고 판단하여 앎. 예 청소년에게 올바른 <u>인식</u>을 심어 주다.	➕ 의식(意識): 깨어 있는 상태 에서 자기 자신이나 사물에 대 하여 인식하는 작용.
전제 앞 前 | 끌 提	「1」 어떠한 사물이나 현상을 이루기 위하여 먼저 내세우는 것. 예 희곡은 무대 상연을 <u>전제</u>로 하는 문학이다. 「2」 추리를 할 때, 결론의 기초가 되는 판단. 예 <u>전제</u>가 잘못되면 결론은 참이 될 수 없다.	⭐ 2013 수능 귀납 논증은 전제 들이 모두 참이라고 해도 결론 이 확실히 참이 되는 것은 아니 지만 우리의 지식을 확장해 준 다는 장점이 있다.

토의 칠 討 | 의논할 議	공동의 문제를 해결하기 위해 **여러 사람들이 의견을 모아 보다 더 나은 해결 방안을 찾는** 협력적 말하기. **토의 참여 태도** • 적극적이고 예의 바른 자세를 지녀야 함. • 차례를 지켜 자신의 의견을 명확하게 말함. • 다른 사람의 의견을 수용적 입장에서 듣고 존중함. • 다른 사람이 말한 내용의 타당성을 판단하며 들음.	**더알기** 토의의 논제는 공동의 문제를 해결하기 위한 것이어야 하며, 토의 논제로 다룰 만한 가치가 있어야 한다. 또한 토의를 통해 합의를 이끌어 낼 수 있는 것이어야 한다.
타당성 온당할 妥 | 마땅할 當 | 성질 性	사물의 이치에 맞는 옳은 성질. **내용의 타당성 판단하며 듣기** • 근거와 주장 간에 연관성이 있는지 파악함. • 근거로부터 주장을 이끌어 내는 과정에 오류가 없는지 확인함. • 근거로부터 주장을 이끌어 내는 과정에 영향을 미치는 다른 정보는 없는지 따져 봄.	

■ 한자 성어 | 관용구 | 속담 '말'과 관련이 있는 속담

가루는 칠수록 고와지고 말은 할수록 거칠어진다	가루는 체에 칠수록 고와지지만 말은 길어질수록 시비가 붙을 수 있고 마침내는 말다툼까지 가게 되니 말을 삼가라는 말. 예 <u>가루는 칠수록 고와지고 말은 할수록 거칠어진다</u>더니, 여러 번 말이 오가다가 결국 싸움이 나고 말았다.	
군말이 많으면 쓸 말이 적다	하지 않아도 될 말을 이것저것 많이 늘어놓으면 그만큼 쓸 말은 적어진다는 뜻으로, 말을 삼가라는 말. 예 말을 많이 하면 할수록 자꾸 쓸데없는 말만 늘어놓게 되니, <u>군말이 많으면 쓸 말이 적다</u>는 말이 정말 딱 맞는 것 같아.	**더알기** '군말'은 하지 않아도 좋을 쓸데없는 군더더기 말을 뜻한다.
말만 귀양 보낸다	말을 하여도 상대편의 반응이 없으므로, 기껏 한 말이 소용없게 되는 경우를 이르는 말. 예 기껏 얘기를 했는데 아무 반응도 없다니 <u>말만 귀양 보낸</u> 격이군.	
말은 할수록 늘고 되질은 할수록 준다	말은 퍼질수록 보태어지고, 물건은 옮겨 갈수록 줄어든다는 말. 예 별 거 아닌 일도 몇 사람의 입을 거치면 엄청난 사건으로 커지는 것을 보니, <u>말은 할수록 늘고 되질은 할수록 준다</u>는 속담이 이해돼.	**더알기** '되'는 곡식, 가루, 액체 따위를 담아 분량을 헤아리는 데 쓰는 그릇으로, '되질'은 곡식이나 가루를 되로 헤아리는 일을 의미한다.
말은 해야 맛이고 고기는 씹어야 맛이다	마땅히 할 말은 해야 한다는 말. 예 <u>말은 해야 맛이고 고기는 씹어야 맛이라</u>고 했으니, 속 시원히 네 속을 털어놔 봐라.	

01~04 빈칸에 들어갈 말을 〈보기〉에서 찾아 밑줄 친 어휘의 뜻을 완성하시오.

보기

도리　　분별　　주장　　효과

01 이익에 눈이 멀어 <u>대의</u>를 저버려서는 안 된다.
→ 사람으로서 마땅히 지키고 행하여야 할 큰 (　　　　　).

02 김 변호사는 가난한 사람을 위해 무료로 <u>변론</u>을 맡고 있다.
→ 소송 당사자나 변호인이 법정에서 (　　　　　)하거나 진술함. 또는 그런 주장이나 진술.

03 환경 보존에 대한 사람들의 <u>인식</u>이 싹트면서 일회용품의 사용이 줄어들었다.
→ 사물을 (　　　　　)하고 판단하여 앎.

04 그가 제출한 계획안에는 그 계획의 <u>실효성</u>을 입증할 구체적인 방안이 없다.
→ 실제로 (　　　　　)를 나타내는 성질.

05~08 다음 어휘를 활용하여 문장을 만드시오.

05 의사소통: 가지고 있는 생각이나 뜻이 서로 통함.

_____

06 전제: 어떤 사물이나 현상을 이루기 위하여 먼저 내세우는 것.

_____

07 불가사의: 사람의 생각으로는 미루어 헤아릴 수 없이 이상하고 야릇함.

_____

08 관점: 사물이나 현상을 관찰할 때, 그 사람이 보고 생각하는 태도나 방향 또는 처지.

_____

09~13 다음 상황과 의미가 통하는 속담을 〈보기〉에서 찾아 번호를 쓰시오.

---보기---

① 말만 귀양 보낸다
② 군말이 많으면 쓸 말이 적다
③ 말은 할수록 늘고 되질은 할수록 준다
④ 말은 해야 맛이고 고기는 씹어야 맛이다
⑤ 가루는 칠수록 고와지고 말은 할수록 거칠어진다

---

09 약속을 못 지켜서 미안하다는 말만 간단하게 했으면 좋았을 것을 이런저런 말을 하다가 변명을 하게 되어 친구의 마음을 상하게 했다.

_____

10 부모님께 거짓말한 일이 양심에 걸려서 언니에게 고민을 한참 털어놓고 있는데, 언니가 "얘기 다 끝났으면 나는 자러 간다." 하고 가 버렸다.

_____

11 동생하고 서로 놀리면서 장난을 치고 있었는데, 처음에는 웃으면서 장난으로 하던 말이 점점 심해져서 결국에는 험한 말을 하며 크게 다툰 일이 있었다.

_____

12 내 친구는 매번 "저기······.", "그러니까······"라고 말을 꺼내놓고, "왜?"라고 물으면 "아니야, 됐어."라고 한다. 말 못하고 끙끙대지 말고 속 시원히 할 말을 좀 했으면 좋겠다.

_____

13 옆자리 친구에게 단짝 친구 다은이 때문에 조금 속상한 일이 있다고 말했는데, 집에 갈 때쯤 다은이가 찾아와서 "나랑 다시는 얼굴도 보지 않겠다고 말했다면서?"라고 따져 물어서 정말 당황했다.

_____

✅ **개념 확인**

14~15 다음 설명이 맞으면 ○에, 그렇지 않으면 ×에 표시하시오.

14 토의는 공동의 문제에 대해 여러 사람이 모여 의견을 밝히고 상대를 설득하여 한 쪽의 의견을 택하는 비판적 말하기이다.　　　　　　　　　　　　　(○ , ×)

15 내용의 타당성을 판단하며 들을 때에는 주장을 뒷받침하는 근거가 주장과 연관이 있는지, 믿을 만한 내용인지 판단하며 들어야 한다.　　　　　　　　　(○ , ×)

🔲 맞힌 개수	(　　　) / 15문항
☑ 복습할 어휘	

필수 어휘

경청 기울 傾 | 들을 聽	귀를 기울여 들음. 예 대화에서 가장 중요한 것은 경청이다.

공감 함께 共 | 느낄 感	남의 감정, 의견, 주장 따위에 대하여 자기도 그렇다고 느낌. 또는 그렇게 느끼는 기분. 예 그 책은 특히 학생들에게 많은 공감을 불러일으켰다.	★ 2019 수능 사연 신청자의 마음에 공감하고 있다.

대응하다 대할 對 | 응할 應	「1」 어떤 일이나 사태에 맞추어 태도나 행동을 취하다. 예 서로 무자비하게 대응했기 때문에 화해가 쉽지 않다. 「2」 어떤 두 대상이 주어진 어떤 관계에 의하여 서로 짝이 되다. 예 그 어구는 서로 대응한다.	유 대처(對處)하다: 어떤 정세나 사건에 대하여 알맞은 조치를 취하다.

돈독하다 도타울 敦 | 도타울 篤	도탑고 성실하다. 예 형제간에 우애가 돈독하다.	유 도탑다: 서로의 관계에 사랑이나 인정이 많고 깊다.

성찰 살필 省 | 살필 察	자기의 마음을 반성하고 살핌. 예 자기 자신을 성찰하다.	★ 2018 수능 시인은 어떤 존재로 살아가야 하는가에 대한 자기 성찰의 태도를 드러내는 것이다.

심오하다 깊을 深 | 깊을 奧	사상이나 이론 따위가 깊이가 있고 오묘하다. 예 심오한 진리를 담다.	➕ 그윽하다: ① 깊숙하여 아늑하고 고요하다. ② 뜻이나 생각 따위가 깊거나 간절하다.

인신공격 사람 人 | 몸 身 | 칠 攻 | 부딪칠 擊	남의 신상에 관한 일을 들어 비난함. 예 인신공격을 퍼붓는 것은 토론의 규칙에 어긋난다.

적신호 붉을 赤 | 믿을 信 | 부르짖을 號	「1」 교통 신호의 하나. 정지를 표시함. 예 그 차는 적신호를 무시하고 달리다가 사고를 냈다. 「2」 위험한 상태에 있음을 알려 주는 각종 조짐을 비유적으로 이르는 말. 예 고혈압은 건강의 적신호이다.	반 청신호(靑信號): ① 교통 신호의 하나. 통행하여도 좋음을 표시함. ② 어떤 일이 앞으로 잘되어 나갈 것을 보여 주는 징조를 비유적으로 이르는 말.

📙 필수 개념 듣기·말하기

언어폭력
말씀 言 | 말씀 語 | 나타낼 暴 | 힘 力

위협적이고 저속한 말이나 욕설 따위를 함부로 하여 상대방에게 두려움이나 불쾌감을 주는 일.

언어폭력의 문제점

- 상대에게도 상처를 주지만 사용하는 자신에게도 상처를 남길 수 있음.
- 인간관계를 해치고 한 개인의 삶을 파괴할 수 있으며 사회 전반의 문제를 일으킬 수 있음.

상대를 배려하며 말하기

- 상대방의 처지나 입장을 이해함.
- 상대방의 감정, 상황에 대한 공감을 표현함.
- 폭력적인 언어, 인신공격하는 발언을 하지 않음.

> **더 알기** 사람들과 직접 대면하는 상황뿐만 아니라 휴대 전화나 인터넷 매체를 통한 대화 상황에서도 상대를 배려하고 존중하는 언어 표현을 사용해야 한다.

📙 한자 성어 | 관용구 | 속담 '말'과 관련이 있는 한자 성어

마이동풍
말 馬 | 귀 耳 | 동녘 東 | 바람 風

동풍이 말의 귀를 스쳐 간다는 뜻으로, 남의 말을 귀담아듣지 아니하고 지나쳐 흘려버림을 이르는 말.
예 그에게는 나의 충고가 마이동풍이었다.

> **더 알기** 당나라의 시인 이백이 시인들의 훌륭한 작품을 제대로 평가해주기는커녕 관심도 없는 세상 사람들의 태도를 '봄바람이 말 귀를 스치는 것 같다'고 표현한 데서 유래한다.

설왕설래
말씀 說 | 갈 往 | 말씀 說 | 올 來

서로 변론을 주고받으며 옥신각신함. 또는 말이 오고 감.
예 설왕설래 끝에 결국 처음의 방안대로 결정되었다.

유구무언
있을 有 | 입 口 | 없을 無 | 말씀 言

입은 있어도 말은 없다는 뜻으로, 변명할 말이 없거나 변명을 못함을 이르는 말.
예 모두 내 잘못이니 유구무언일세.

청산유수
푸를 靑 | 산 山 | 흐를 流 | 물 水

푸른 산에 흐르는 맑은 물이라는 뜻으로, 막힘없이 썩 잘하는 말을 비유적으로 이르는 말.
예 그는 아버지의 질책에 청산유수로 자신의 변명을 늘어놓았다.

촌철살인
마디 寸 | 쇠 鐵 | 죽일 殺 | 사람 人

한 치의 쇠붙이로도 사람을 죽일 수 있다는 뜻으로, 간단한 말로도 남을 감동하게 하거나 남의 약점을 찌를 수 있음을 이르는 말.
예 그는 촌철살인의 화법으로 대중의 마음을 사로잡았다.

호언장담
호걸 豪 | 말씀 言 | 씩씩할 壯 | 말씀 談

호기롭고 자신 있게 말함. 또는 그 말.
예 감독은 이번 경기를 쉽게 이길 수 있다고 호언장담한다.

01~03 빈칸에 들어갈 어휘를 〈보기〉에서 찾아 문맥에 맞게 쓰시오.

> ┌─ 보기 ─┐
>
> 대응하다   돈독하다   심오하다

01 우리 형제는 우애가 (   ) 서로 의지하며 자랐다.

02 우리 조상이 남긴 글 속에는 (   ) 지혜와 사상이 들어 있다.

03 그는 위기 상황에서도 침착하게 (   ) 문제를 해결할 수 있었다.

04~05 빈칸에 들어갈 말을 〈보기〉의 색깔을 참고하여 쓰시오.

04 유전자 복제 기술의 발전은 난치병 극복의 ☐ 신호가 될 것이다.

05 식욕이 이상하게 증가하거나 이상하게 감소하는 것 모두 건강의 ☐ 신호로 보아야 한다.

06~09 제시된 초성을 참고하여 빈칸에 들어갈 어휘를 쓰시오.

> **선생님:** 상대방을 배려하며 말을 하기 위해서는 어떻게 해야 할까요?
>
> **서진:** 상대방의 감정이나 상황을 함께 느끼는 **06** ㄱ ㄱ 적 태도를 지녀야 합니다.
> (   )
>
> **예나:** 상대방이 하는 말에 귀를 기울여 듣는 **07** ㄱ ㅊ 의 자세가 필요합니다.
> (   )
>
> **철희:** 상대방의 신상을 비난하는 **08** ㅇ ㅅ ㄱ ㄱ 을 해서는 안 됩니다.
> (   )
>
> **선생님:** 좋아요. 그럼 이제부터 우리의 언어생활을 되돌아보며 **09** ㅅ ㅊ 해 볼까요?
> (   )

10~13 다음 대화에서 '동아'의 말과 태도를 표현할 수 있는 한자 성어를 〈보기〉에서 찾아 쓰시오.

〈보기〉

| 마이동풍 | 설왕설래 | 유구무언 | 청산유수 | 촌철살인 | 호언장담 |

10 선생님: 교실에서 축구하지 않기로 했지? 왜 약속을 안 지키는 거니?

동아: 죄송합니다. 입이 열 개여도 할 말이 없습니다.

_____

11 동아: 하교하는 데 비가 와서 옷이 다 젖었어요.

엄마: 아침에 우산 챙겨 가라고 그렇게 말해도 흘려듣더라니……

_____

12 유찬: 학급 대항 축구 대회에서 누가 골키퍼를 하는 게 좋을까?

동아: 내가 할게. 초등학교 때부터 내가 거미손이라고 불렸거든. 어떤 공이 날아와도 내가 다 막아 낼 수 있으니까 나만 믿어.

_____

13 동아: 나는 축제에서 먹거리 장터를 운영해야 한다고 생각해. 음식이 다 팔리지 않으면 우리가 먹어도 되는 거고. 다른 활동에 비해 특별한 재능이 필요한 것도 아니잖아. 음식도 만들고, 추억도 쌓고. 얼마나 좋아?

태희: 와……. 진짜 막힘없이 말 잘하네.

_____

✓ 개념 확인

14~15 다음 설명이 맞으면 ○에, 그렇지 않으면 ×에 표시하시오.

14 상대방에게 위협이 되거나 불쾌감을 주는 말을 하는 것은 언어폭력에 해당한다. (○ , ×)

15 언어폭력은 사람과 사람이 직접 대면하여 대화를 나눌 때 문제가 되며, 휴대 전화나 인터넷과 같은 매체를 통한 소통에서는 문제가 되지 않는다. (○ , ×)

맞힌 개수	( ) / 15문항
복습할 어휘	

필수 어휘

공익성 공평할 公 | 더할 益 | 성질 性	영리를 목적으로 하지 않고 공공의 이익을 도모하는 성질. 예 방송 프로그램에는 <u>공익성</u>과 상업성이 공존한다.	★ 2015 수능 민간 위탁이란 공 <u>익성</u>을 유지하기 위해 서비스의 대상이나 범위에 대한 결정권과 서비스 관리의 책임을 정부가 갖되, 서비스 생산은 민간 업체 에게 맡기는 것이다. 더 알기 '공익성'의 '−성'은 '성 질'의 뜻을 더하는 말이다. 예 순수성 | 신축성 | 양면성
국소적 판 局 | 바 所 | 과녁 的	전체 가운데 한 부분에 관계되는. 또는 그런 것. 예 이 약은 <u>국소적</u>인 염증 치료에 효과가 있는 것으로 밝혀졌다.	유 부분적(部分的): 전체 가운 데 한 부분이 되거나 부분에 관 계되는. 또는 그런 것. ⊕ 국지적(局地的): 일정한 지 역에 한정된. 또는 그런 것.
기구하다 험할 崎 | 가파를 嶇	세상살이가 순탄하지 못하고 가탈이 많다. 예 그 여자는 <u>기구하게</u>도 시집온 지 얼마 되지 않아 남편과 사별하 고 말았다.	⊕ 가탈: 일이 순조롭게 나아가 는 것을 방해하는 조건.
암담하다 어두울 暗 | 물 맑을 澹	희망이 없고 절망적이다. 예 나는 <u>암담한</u> 현실 속에서도 꿈을 잃지 않았다.	유 암울(暗鬱)하다: 절망적이고 침울하다.
엄수 엄할 嚴 | 지킬 守	명령이나 약속 따위를 어김없이 지킴. 예 무엇보다 시간 <u>엄수</u>가 중요하다.	
위력 위엄 威 | 힘 力	상대를 압도할 만큼 강력함. 또는 그런 힘. 예 그의 말은 <u>위력</u>이 대단하다.	
음미하다 읊을 吟 | 맛 味	어떤 사물 또는 개념의 속 내용을 새겨서 느끼거나 생각하다. 예 작품이 주는 교훈을 <u>음미하였다</u>.	
일관하다 하나 一 | 꿸 貫	하나의 방법이나 태도로써 처음부터 끝까지 한결같이 하다. 예 그는 언제나 무뚝뚝한 태도로 <u>일관했다</u>.	

면담

낱 面 | 말씀 談

특정한 목적을 위해서 서로 만나 의견을 나누거나 묻고 대답하는 일.

면담의 과정

- **면담의 준비** 면담의 목적을 정함. 면담 목적에 맞는 면담 대상자를 선정하고 면담 날짜와 시간, 장소를 사전에 약속함. 사전 조사를 통해 적절한 질문을 마련함.
- **면담의 진행** 면담 목적과 상황을 고려하여 능동적으로 질문함.
- **면담의 정리** 면담한 내용을 목적에 맞추어 간결하게 정리함.

면담의 목적에 맞게 질문하는 방법

- 면담의 목적과 면담 대상자를 고려해서 기본적인 정보를 수집한 뒤 그것을 바탕으로 질문을 준비함.
- 응답 내용을 구체화할 수 있는 후속 질문을 미리 준비함.

더알기 면담은 목적에 따라 정보 수집을 위한 면담, 상담을 위한 면담, 설득을 위한 면담 등으로 나뉜다.

📗 **한자 성어 | 관용구 | 속담** '귀'와 관련이 있는 관용구

귀가 가렵다	남이 제 말을 한다고 느끼다. 예 <u>귀가 가려운</u> 걸 보니 사람들이 내 얘기를 하고 있는 것 같아.
귀가 뚫리다	말을 알아듣게 되다. 예 미국 간 지 오 년 만에 <u>귀가 뚫렸다</u>.
귀가 얇다	남의 말을 쉽게 받아들인다. 예 나는 <u>귀가 얇아서</u> 남이 하자는 대로 할 때가 많다.
귀를 의심하다	믿기 어려운 얘기를 들어 잘못 들은 것이 아닌가 생각하다. 예 그 소식은 너무나 놀라워서 나는 <u>귀를 의심하지</u> 않을 수 없었다.
귀에 못이 박히다	같은 말을 여러 번 듣다. 예 정직하게 살아야 한다는 말은 <u>귀에 못이 박히도록</u> 들었다.
귀 밖으로 듣다	남의 말을 성의 있게 듣지 않고 듣는 둥 마는 둥 하다. 예 내 말을 <u>귀 밖으로 듣지</u> 말고 주의해서 들어라.

더알기 같은 의미의 관용구로 '귀에 딱지가 앉다', '귀에 싹이 나다'가 있다.

01~04 제시된 초성과 뜻을 참고하여 빈칸에 들어갈 어휘를 쓰시오.

01 ㅇㄹ : 상대를 압도할 만큼 강력함. 또는 그런 힘.

예 대자연의 (   ) 앞에서 인간은 연약한 갈대만도 못한 존재이다.

02 ㄱㅇㅅ : 영리를 목적으로 하지 않고 공공의 이익을 도모하는 성질.

예 학교나 병원, 언론 기관 등은 (   )을 우선시한다.

03 ㅇㄱ하다: 하나의 방법이나 태도로써 처음부터 끝까지 한결같이 하다.

예 어머니는 일생을 자식에 대한 사랑과 헌신으로 (   )했다.

04 ㅇㅁ하다: 어떤 사물 또는 개념의 속 내용을 새겨서 느끼거나 생각하다.

예 이번에 얻은 교훈을 다시 한번 (   )해 보자.

05~08 밑줄 친 '이 말'에 해당하는 어휘를 〈보기〉에서 찾아 쓰시오.

보기

엄수   국소적   기구하다   암담하다

05 이 말은 '운명, 신세' 등의 단어들과 함께 쓰여 세상살이가 순탄하지 못하다는 뜻을 나타낸다.

_____

06 이 말은 전체 가운데 한 부분에 관계되는 것을 나타낼 때 쓰는 말로, '부분적'과 의미가 비슷하다.

_____

07 이 말은 '규율, 비밀, 시간' 등 사람들 사이에 이루어지는 약속이나 명령의 의미를 지니는 단어들과 함께 쓰여 이를 반드시 지켜야 한다는 뜻을 나타낸다.

_____

08 이 말은 희망이 없고 절망적인 상황을 나타낼 때 쓰는 말로, 어둠을 의미하는 한자어가 단어에 포함되어 있다.

_____

09~14 밑줄 친 부분과 의미가 통하는 관용구를 〈보기〉에서 찾아 쓰시오.

〈보기〉

귀가 얇다	귀가 뚫리다	귀에 못이 박히다
귀를 의심하다	귀가 가렵다	귀 밖으로 듣다

09 <u>듣는 둥 마는 둥</u> 하지 말고 새겨들어라. _____

10 나는 평소 <u>남의 말을 쉽게 받아들여서</u> 줏대가 없다는 소리를 듣는다. _____

11 게으름을 부리면 성공할 수 없다는 말은 <u>싫증이 날 정도로 계속 들었다.</u> _____

12 도무지 믿을 수 없는 이야기라 <u>내가 말을 잘못 들은 건 아닐까 생각했다.</u> _____

13 하루도 빠짐없이 영어 공부를 한 지 일 년 만에 드디어 <u>영어를 알아듣게 되었다.</u>

_____

14 <u>누가 내 말을 하는 것 같은 느낌이 들었는데</u> 알고 보니 엄마가 옆집 아줌마에게 내 이야기를 하고 있었다.

_____

✅ **개념 확인**

15~16 다음 설명이 맞으면 ○에, 그렇지 않으면 ✕에 표시하시오.

15 면담 대상자를 정하여 면담 약속을 잡은 후에 면담의 목적을 정한다. (○ , ✕)

16 면담에서 할 질문은 면담 전에 미리 준비해 두고, 응답 내용을 구체화할 수 있는 후속 질문도 미리 생각해 둔다. (○ , ✕)

💬 맞힌 개수	( ) / 16문항
☑ 복습할 어휘	

📒 필수 어휘

권장 권할 勸 | 장려할 奬	권하여 장려함. 예 아버지의 권장으로 아침 운동을 시작하였다.	🔐 **장려(奬勵)**: 좋은 일에 힘쓰도록 북돋아 줌. 🔐 **권고(勸告)**: 어떤 일을 하도록 권함. 또는 그런 말. ➕ **조장(助長)**: 바람직하지 않은 일을 더 심해지도록 부추김.
도입 이끌 導 | 들 入	**기술, 방법, 물자 따위를 끌어 들임.** 예 새로운 이론의 도입으로 학문이 발전하다.	
막론하다 없을 莫 | 논의할 論	이것저것 따지고 가려 말하지 아니하다. 예 부정을 저지른 사람은 지위의 높고 낮음을 막론하고 모두 처벌해야 한다.	더알기 '막론하다'는 흔히 '막론하고'의 형태로 쓰인다. 🔐 **불문(不問)하다**: 가리지 아니하다.
오류 그르칠 誤 | 그릇될 謬	**그릇되어 이치에 맞지 않는 일.** 예 그는 끝내 자신의 오류를 인정하지 않았다.	⭐ 2013 수능 구간을 잘못 설정하여 발생하는 오류를 줄일 수 있다.
유기적 있을 有 | 틀 機 | 과녁 的	생물체처럼 전체를 구성하고 있는 각 부분이 서로 밀접하게 관련을 가지고 있어서 떼어 낼 수 없는. 또는 그런 것. 예 문장을 이루는 각 성분은 유기적으로 얽혀 있다.	
육하원칙 여섯 六 | 어찌 何 | 근원 原 | 법 則	역사 기사, 보도 기사 등의 문장을 쓸 때에 지켜야 하는 기본적인 원칙. '누가, 언제, 어디서, 무엇을, 어떻게, 왜'의 여섯 가지를 이른다. 예 글을 간결하고 명확하게 쓰기 위해서는 육하원칙에 따르는 것이 좋다.	⭐ 2019 수능 표제를 수정하고 전문은 육하원칙 중 빠진 내용을 추가해야 할 것 같아.
진부하다 늘어놓을 陳 | 썩을 腐	**사상, 표현, 행동 따위가 낡아서 새롭지 못하다.** 예 그 책은 내용이 너무 진부하다.	🔐 **케케묵다**: 일, 지식 따위가 아주 오래되어 시대에 뒤떨어진 데가 있다.
표제 겉 表 | 제목 題	「1」 서책의 겉에 쓰는 그 책의 이름. 예 윤동주가 세상을 뜬 후 '하늘과 바람과 별과 시'라는 표제의 시집이 출간되었다. 「2」 신문이나 잡지 기사의 제목. 예 커다란 표제 아래 그에 대한 기사가 신문에 실렸다.	⭐ 2019 수능 표제는 중심 소재를 담고 있어야 한다.

📘 필수 개념 쓰기

통일성
거느릴 統 | 하나 一 | 성질 性

글을 이루는 내용들이 하나의 주제를 향하여 서로 긴밀하게 연결되어 있는 것.

> **통일성 있는 글쓰기 방법**
> • 주제와 관련된 내용을 선정하고, 선정한 내용을 주제가 잘 드러나도록 조직함.
> • 문장과 문단이 글의 주제와 긴밀하게 연결되도록 표현함.
> • 중심 내용에 어긋나는 문장이나 주제에 어긋나는 문단이 있으면 고쳐 씀.

더알기 글을 쓸 때는 통일성과 함께 응집성도 고려해야 한다. 응집성은 문단을 이루는 여러 문장이나 문단이 긴밀한 결합력을 가지는 성질을 의미한다. 통일성은 내용과 관련되고, 응집성은 형식과 관련된다.

개요
대개 槪 | 중요할 要

간결하게 추려 낸 주요 내용. 글쓰기에서 각 단락의 중심 내용과 세부 내용을 작성하는 데 바탕이 되는 뼈대.

> **일반적인 글쓰기의 과정**
> • 계획 세우기 글의 주제, 목적을 정함.
> • 내용 선정하기 수집한 정보를 바탕으로 내용을 선정함.
> • 내용 구성하기 선정된 내용을 바탕으로 개요를 작성함.
> • 표현하기 개요를 바탕으로 글을 씀.
> • 고쳐쓰기 완성된 글의 내용을 고쳐씀.

📘 한자 성어 | 관용구 | 속담 '문제 해결'과 관련이 있는 한자 성어

결자해지
맺을 結 | 사람 者 | 풀 解 | 어조사 之

맺은 사람이 풀어야 한다는 뜻으로, 자기가 저지른 일은 자기가 해결해야 함을 이르는 말.
예 이 일은 <u>결자해지</u> 차원에서 일을 시작한 제가 수습하겠습니다.

발본색원
뺄 拔 | 근본 本 | 막힐 塞 | 근원 源

좋지 않은 일의 근본 원인이 되는 요소를 완전히 없애 버려서 다시는 그러한 일이 생길 수 없게 함.
예 부정부패는 <u>발본색원</u>해야 한다.

암중모색
어두울 暗 | 가운데 中 | 찾을 摸 | 찾을 索

어둠 속에서 물건을 더듬어 찾는다는 뜻으로, 확실한 방법을 모르는 채 일의 실마리를 찾아내려 함을 이르는 말.
예 경영진은 변화에 대한 <u>암중모색</u>을 시도하고 있다.

쾌도난마
쾌할 快 | 칼 刀 | 어지러울 亂 | 삼 麻

잘 드는 칼로 마구 헝클어진 삼 가닥을 자른다는 뜻으로, 어지럽게 뒤얽힌 사물을 강력한 힘으로 명쾌하게 처리함을 이르는 말.
예 신임 회장은 여러 가지 문제들을 <u>쾌도난마</u>로 처리했다.

화룡점정
그림 畫 | 용 龍 | 점찍을 點 | 눈동자 睛

무슨 일을 하는 데에 가장 중요한 부분을 완성함을 비유적으로 이르는 말.
예 <u>화룡점정</u>이라고, 문장의 가장 중요한 대목에서 단어 하나가 큰 작용을 한다.

더알기 용을 그리고 난 후에 마지막으로 눈동자를 그려 넣었더니 그 용이 실제 용이 되어 구름을 타고 하늘로 날아 올라갔다는 고사에서 유래한다.

01~02 빈칸에 들어가기에 적절하지 <u>않은</u> 어휘에 ∨표 하시오.

01 심각한 오류를 (　　　　　).

☐ 범하다　　　☐ 지키다　　　☐ 발견하다　　　☐ 저지르다

02 우리는 새로운 (　　　　　) 도입에 힘을 기울였다.

☐ 기술　　　☐ 장비　　　☐ 사람　　　☐ 제도

03~06 제시된 초성과 뜻을 참고하여 ㉠~㉣에 들어갈 어휘를 쓰시오.

> 신문 기사를 쓸 때에는 기사의 내용을 잘 드러내는 (　㉠　)를 붙여야 한다. (　㉡　)한 표현은 삼가고, (　㉢　)에 따라 사건을 정확하고 간결하게 전달하되, 내용을 (　㉣　)으로 구성해야 한다.

03 ㉠ [ㅍ][ㅈ]: 신문이나 잡지 기사의 제목.　　　　　　　　　_____

04 ㉡ [ㅈ][ㅂ]하다: 사상, 표현, 행동 따위가 낡아서 새롭지 못하다.　　　_____

05 ㉢ [ㅇ][ㅎ][ㅇ][ㅊ]: 보도 기사 따위의 문장을 쓸 때 지켜야 하는 기본적인 원칙. '누가, 언제, 어디서, 무엇을, 어떻게, 왜'의 여섯 가지를 이름.　　　　　　　　　_____

06 ㉣ [ㅇ][ㄱ][ㅈ]: 전체를 구성하고 있는 각 부분이 서로 밀접하게 관련을 가지고 있어서 떼어 낼 수 없는. 또는 그런 것.　　　　　　　　　_____

✔ 개념 확인

07~08 다음 설명이 맞으면 ○에, 그렇지 않으면 ×에 표시하시오.

07 통일성은 글을 이루는 내용들이 하나의 주제를 향하여 서로 긴밀하게 연결되어 있는 것을 말한다.

(○ , ×)

08 개요를 작성할 때 문단에 들어갈 내용을 글의 주제와 긴밀하게 연결되도록 구성해야 통일성 있는 글을 쓸 수 있다.

(○ , ×)

● 정답과 해설 63쪽

09~13 빈칸에 들어갈 한자 성어를 〈보기〉에서 찾아 쓰시오.

┌─────────── 보기 ───────────┐

결자해지   발본색원   암중모색   쾌도난마   화룡점정

└──────────────────────────┘

09 **후보 1:** 제가 회장이 된다면 학급의 수업 분위기를 흐리는 원인이 무엇인지 찾아내어 그 요소를 없애 버림으로써 바람직한 면학 분위기가 조성되도록 힘쓰겠습니다.

학급 학생: 문제의 근본 원인을 찾아 없애려는 (   )의 자세를 지니고 있군.

10 **후보 2:** 만약 제가 학급을 잘못 운영하여 친구들이 피해를 입는다면, 책임지고 나서서 그 문제를 해결하도록 하겠습니다.

학급 학생: (   )하려는 마음가짐을 높이 살만하네.

11 **후보 3:** 제가 회장이 된다면 우선, 학급 내에 쌓여 있는 문제 상황들을 명쾌하게 처리하겠습니다.

학급 학생: 우리 학급의 문제를 (   )로 처리하겠네.

12 **후보 4:** 제가 회장이 된다면 우리 학급이 교내 축구 대회에서 우승할 수 있도록 최선을 다하겠습니다.

학급 학생: 골을 잘 넣는 친구이니 축구 대회에서 (   )의 역할을 할 거야.

13 **후보 5:** 요즘 우리 반에서 친구들끼리 갈등을 빚거나 누군가가 소외되는 사례가 많습니다. 솔직히 아직 확실한 해결 방법을 알지는 못하지만, 제가 회장이 되면 해결의 실마리를 찾도록 하겠습니다.

학급 학생: 그래도 (   )의 태도를 지녔다고 할 수 있군.

14~15 다음 어휘를 활용하여 문장을 만드시오.

14 권장: 권하여 장려함.

_____

15 막론하다: 이것저것 따지고 가려 말하지 아니하다.

_____

맞힌 개수	( ) / 15문항
복습할 어휘	

📂 필수 어휘

군림 임금 君 | 임할 臨	「1」 임금으로서 나라를 거느려 다스림. 예 세종대왕의 <u>군림</u> 기간은 약 33년이다. 「2」 어떤 분야에서 절대적인 세력을 가지고 남을 압도함을 비유적으로 이르는 말. 예 압도적인 실력을 가진 그의 <u>군림</u>은 당연시되었다.	⊕ 재위(在位): 임금의 자리에 있음. 또는 그런 동안.
능동적 능할 能 | 움직일 動 | 과녁 的	다른 것에 이끌리지 아니하고 스스로 일으키거나 움직이는. 또는 그런 것. 예 어려운 일일수록 <u>능동적</u>으로 대처해야 한다.	⊠ 수동적(受動的): 스스로 움직이지 않고 다른 것의 작용을 받아 움직이는. 또는 그런 것. ⊕ 자발적(自發的): 남이 시키거나 요청하지 아니하여도 자기 스스로 나아가 행하는. 또는 그런 것.
만연하다 덩굴 蔓 | 넘칠 衍	(비유적으로) 전염병이나 나쁜 현상이 널리 퍼지다. 식물의 줄기가 널리 뻗는다는 뜻에서 나온 말이다. 예 그 지역에 전염병이 <u>만연했다</u>.	⊕ 유행(流行)하다: ① 전염병이 널리 퍼져 돌아다니다. ② 특정한 행동 양식이나 사상 따위가 일시적으로 많은 사람의 추종을 받아서 널리 퍼지다. ⊕ 확산(擴散)되다: 흩어져 널리 퍼지게 되다.
압축 누를 壓 | 줄일 縮	「1」 물질 따위에 압력을 가하여 그 부피를 줄임. 예 <u>압축</u>이 되었던 이불 주머니가 터지면서 장롱 안이 어지러워졌다. 「2」 문장 따위를 줄여 짧게 함. 예 시의 표현이 지닌 특징은 생략과 <u>압축</u>이다.	
애절하다 슬플 哀 | 끊을 切	몹시 애처롭고 슬프다. 예 그 노래는 가사가 <u>애절하다</u>.	⊕ 애처롭다: 가엾고 불쌍하여 마음이 슬프다.
유대감 맬 紐 | 띠 帶 | 느낄 感	서로 밀접하게 연결되어 있는 공통된 느낌. 예 그들은 피부색이나 언어를 초월한 끈끈한 <u>유대감</u>을 지녔다.	
초현실적 넘을 超 | 나타날 現 | 열매 實 | 과녁 的	현실을 넘어서는. 또는 그런 것. 예 <u>초현실적</u>인 사건이 일어났다.	⊕ **2015 수능** 고전 소설에서 공간은 산속이나 동굴 등 특정 현실 공간에 <u>초현실</u> 공간이 겹쳐진 것으로 설정되기도 한다.
힐난 꾸짖을 詰 | 어려울 難	트집을 잡아 거북할 만큼 따지고 듦. 예 사람들은 그에게 <u>힐난</u>의 눈빛을 보냈다.	

📖 필수 개념 쓰기

매체	생각과 느낌을 전달하고 공유하는 수단. 매체의 종류로는 인쇄 매체,
매개 媒 | 몸 體	영상 매체, 인터넷 매체 등이 있다.

> **영상 매체와 인터넷 매체**
>
> • **영상 매체** 영상 언어를 통해 의미를 표현하고 전달함. 영상 광고, 드라마, 애니메이션 등이 이에 해당함.
> • **인터넷 매체** 시간과 장소에 구애받지 않고 자유롭고 신속하게 의견을 주고받을 수 있음. 블로그, 인터넷 게시판 댓글, 전자 우편 등이 이에 해당함.

영상 언어	영상을 통해 어떤 내용을 표현하고 전달할 때 사용하는 기본적인 수단.
비출 映 | 모양 像 | 말씀 言 | 말씀 語	

> **영상 언어의 특징**
>
> • 카메라의 거리와 각도, 자막 등의 시각적 요소와 배경 음악, 효과음 등의 청각적 요소로 구성됨.
> • 문자 언어나 음성 언어보다 대상의 모습을 생생하게 전달할 수 있음.

📖 한자 성어 | 관용구 | 속담 '문제 상황'과 관련이 있는 속담

구렁이 담 넘어가듯	일을 분명하고 깔끔하게 처리하지 않고 슬그머니 얼버무려 버림을 비유적으로 이르는 말. 예 이번에는 <u>구렁이 담 넘어가듯</u> 얼렁뚱땅 넘어 가지 말고 잘못한 것에 대해 명확하게 사과하도록 해.	**더알기** 같은 의미의 속담으로 '메기 등에 뱀장어 넘어가듯'이 있다.
모로 가도 서울만 가면 된다	수단이나 방법은 어찌 되었든 간에 목적만 이루면 된다는 말. 예 <u>모로 가도 서울만 가면 된다</u>고 생각하지 말고 목적을 이루기까지의 과정에도 의미를 두어야 한다.	
지성이면 감천	정성이 지극하면 하늘도 감동하게 된다는 뜻으로, 무슨 일에든 정성을 다하면 아주 어려운 일도 순조롭게 풀리어 좋은 결과를 맺는다는 말. 예 <u>지성이면 감천</u>이라더니 서로 도와 열심히 노력하더니 결국 그 일을 해냈구나.	
하늘이 무너져도 솟아날 구멍이 있다	아무리 어려운 경우에 처하더라도 살아 나갈 방도가 생긴다는 말. 예 <u>하늘이 무너져도 솟아날 구멍이 있다</u>니까 어떻게든 해결할 수 있을 거야.	**더알기** 같은 의미의 속담으로 '사람이 죽으란 법은 없다'가 있다.
호랑이에게 물려 가도 정신만 차리면 산다	아무리 위급한 경우를 당하더라도 정신만 똑똑히 차리면 위기를 벗어날 수가 있다는 말. 예 여행을 가서 지갑을 잃어버렸는데 <u>호랑이에게 물려 가도 정신만 차리면 산다</u>는 말이 떠올라서 어디에 지갑을 놓고 왔는지 곰곰이 생각해 보고 결국 지갑을 찾게 됐어.	

01~05 다음 설명에 해당하는 어휘를 쓰시오.

01
- 어떤 일을 할 때 다른 사람이 시키는 대로 하는 게 아니라 스스로 알아서 하면 이렇다고 표현해.
- '수동적'과 의미가 반대되는 어휘야.

_____

02
- 판타지 영화들은 주로 이런 세계를 다루고 있어.
- 실제로 존재하는 현실을 벗어난다는 뜻이야.

_____

03
- 압력을 가하여 부피를 줄인다는 의미야.
- 글이나 어떤 내용을 요약하여 줄일 때 이렇게 한다고 표현해.

_____

04
- 트집을 잡아 거북할 만큼 따지고 드는 것을 의미해.
- 이 단어에는 '꾸짖는다'는 의미의 한자가 들어 있어.

_____

05
- 우리가 서로 밀접하게 연결되어 있다는 공통된 느낌이야.
- '끈끈한'이나 '단단한'의 수식을 받는 경우가 종종 있어.

_____

06~08 빈칸에 알맞은 말을 넣어 ㉠~㉢의 뜻을 완성하시오.

> 보기
>
> 새로 왕위에 오른 임금은 자신의 뜻을 거역하는 사람들을 귀양을 보내거나 감옥에 보내는 등 벌을 주었다. 그가 ㉠군림한 지 삼 년이 지나자 그의 주변에는 아첨하는 자들만 남았다. 사회에는 부정부패가 ㉡만연하였고 백성들의 삶은 고달파졌다. 그러나 임금은 굶주린 백성들의 ㉢애절한 목소리는 들으려 하지 않았다.

06 ㉠군림: 임금으로서 나라를 (   ).

07 ㉡만연하다: 전염병이나 나쁜 현상이 (   ).

08 ㉢애절하다: 몹시 (   ).

09~11 빈칸에 알맞은 말을 넣어 속담을 완성하시오.

09 무슨 일에든 정성을 다하면 아주 어려운 일도 순조롭게 풀리어 좋은 결과를 맺는다는 말.
→ 지성이면 (   )

10 아무리 어려운 경우에 처하더라도 살아 나갈 방도가 생긴다는 말.
→ 하늘이 무너져도 솟아날 (   )이 있다

11 아무리 위급한 경우를 당하더라도 정신만 똑똑히 차리면 위기를 벗어날 수가 있다는 말.
→ (   )에게 물려 가도 (   )만 차리면 산다

12~13 〈보기〉의 어휘를 활용하여 빈칸에 들어갈 속담을 쓰시오.

┌─── 보기 ───┐
담   모   서울   구렁이
└───────────┘

12 사업을 따내려고 뇌물을 주다니, (   )고 생각하고 있군.

13 동생은 내 물건을 몰래 쓰다가 망가뜨리고 (   ) 대충 얼버무리려고 했다.

✔ **개념 확인**
14~15 다음 설명이 맞으면 ○에, 그렇지 않으면 ×에 표시하시오.

14 영상 매체는 시간과 장소에 구애받지 않고 자유롭고 신속하게 의견을 주고받을 수 있다는 특징이 있다.   (○ , ×)

15 영상 언어는 시각적 요소와 청각적 요소를 모두 활용하며, 문자 언어나 음성 언어보다 대상의 모습을 생생하게 전달할 수 있다.   (○ , ×)

맞힌 개수	( ) / 15문항
복습할 어휘	

01 밑줄 친 한자어를 고유어로 바꿔 쓴 것으로 적절하지 <u>않은</u> 것은?

① 그 집 아이들은 유난히 우애가 돈독하다(→ 도탑다).

② 그는 시대에 뒤떨어진 진부한(→ 지루한) 이론을 폈다.

③ 밥 좀 흘렸다고 아이를 너무 질책하지는(→ 나무라지는) 마세요.

④ 주전 선수들의 부상으로 결승 진출에 적신호(→ 빨간불)가 켜졌다.

⑤ 신용이 있는 사람은 약속을 엄수하는(→ 지키는) 것을 철칙으로 삼는다.

02 〈보기〉의 빈칸에 들어가기에 적절하지 <u>않은</u> 것은?

> 〈보기〉
>
> 우리 학교에서는 아침 독서 활동을 (　　　　　)하고 있다.

① 권고　　　② 권장　　　③ 독려　　　④ 장려　　　⑤ 조장

2016 수능 기출 응용

03 밑줄 친 '대응하다'의 문맥적 의미가 〈보기〉와 <u>다른</u> 것은?

> 〈보기〉
>
> 우리는 그 나라의 무역 보복에 똑같은 방식으로 <u>대응했다</u>.

① 상대방의 비판에 그는 신경질적으로 <u>대응하였다</u>.

② 생태계는 환경의 변화에 <u>대응하지</u> 못하고 파괴되었다.

③ 다음 중 문장의 밑줄 친 어구와 <u>대응하는</u> 어구를 찾으시오.

④ 시장 개방에 우리 기업이 어떻게 <u>대응해</u> 나갈지 관심거리이다.

⑤ 어려운 현실에도 거침없이 <u>대응하는</u> 그의 태도는 본받을 만하다.

04 밑줄 친 말을 대신할 수 있는 어휘로 적절하지 <u>않은</u> 것은?

① 그는 도박에 빠져 그 많은 재산을 다 써버렸다(→ 탕진했다).

② 커피는 카페인을 포함(→ 함축)하고 있어서 청소년에게 좋지 않다.

③ 청소년들 사이에서 잘못된 소비 풍조가 널리 퍼지고(→ 만연하고) 있다.

④ 오늘의 시련이 나 자신을 돌아보는(→ 성찰하는) 계기가 될 거라 생각한다.

⑤ 법을 어기는 사람은 남녀노소를 따지지 않고(→ 막론하고) 엄벌에 처하겠다.

어법+

05 〈보기〉의 예로 제시할 수 <u>없는</u> 것은?

보기

−적(的)
(일부 명사 또는 명사구 뒤에 붙어) '그 성격을 띠는', '그에 관계된', '그 상태로 된'의 뜻을 더함.

① 국소적　　　　② 능동적　　　　③ 유기적　　　　④ 포괄적　　　　⑤ 후비적

06 ㉠～㉤의 쓰임이 적절하지 <u>않은</u> 것은?

선생님: 오늘은 토의에 참여하는 바람직한 태도에 대해 이야기해 보겠습니다.
학생 1: 토의 참여자들이 협력하여 ㉠<u>의사소통함으로써</u> 최선의 해결 방안을 찾아야 합니다.
학생 2: 다른 사람이 의견을 제안할 때는 그 내용을 ㉡<u>경청</u>해야 합니다.
학생 3: 다른 사람의 의견이 타당하다고 생각하면 그것을 받아들이며 자신의 입장을 ㉢<u>일관</u>합니다.
학생 4: 의견이 오고 가는 중에 ㉣<u>인신공격</u>을 하지 않도록 주의해서 말해야 합니다.
학생 5: 제안한 문제 해결 방법이 ㉤<u>실효성</u>이 있는지 따져 봐야 합니다.

① ㉠　　　　② ㉡　　　　③ ㉢　　　　④ ㉣　　　　⑤ ㉤

07 〈보기〉와 의미가 통하는 한자 성어와 관용구를 바르게 짝지은 것은?

보기

남의 말을 건성으로 듣는다.

① 설왕설래 – 귀가 얇다
② 청산유수 – 귀가 뚫리다
③ 호언장담 – 귀가 가렵다
④ 마이동풍 – 귀 밖으로 듣다
⑤ 촌철살인 – 귀에 못이 박히다

08 '문제 상황'과 관련하여 활용할 수 있는 속담과 한자 성어의 뜻이 적절하지 <u>않은</u> 것은?

① 쾌도난마: 어지럽게 뒤얽힌 일을 명쾌하게 처리함.
② 발본색원: 자기가 저지른 일은 자기가 해결해야 함.
③ 하늘이 무너져도 솟아날 구멍이 있다: 아무리 어려운 경우에 처하더라도 살아 나갈 방도가 생긴
　 다는 말.
④ 지성이면 감천: 무슨 일에든 정성을 다하면 아주 어려운 일도 순조롭게 풀리어 좋은 결과를 맺는
　 다는 말.
⑤ 호랑이에게 물려 가도 정신만 차리면 산다: 아무리 위급한 경우를 당하더라도 정신만 똑똑히 차
　 리면 위기를 벗어날 수가 있다는 말.

만화로 보는 고사성어

> ## 어부지리
> 고기잡을 漁 | 남편 夫 | 어조사 之 | 이로울 利
>
> 두 사람이 이해관계로 서로 싸우는 사이에 엉뚱한 사람이 애쓰지 않고 가로챈 이익을 이르는 말. 춘추 전국 시대 연나라의 소대가 조나라 혜문왕에게 화친을 권하기 위해 도요새와 조개의 싸움으로 어부가 이익을 얻었다는 이야기를 한 데서 유래한다.

조나라 혜문왕은 연나라를 치려고 마음먹고 있었다.

요즘 연나라의 기세가 약하다니, 이번 기회에 연나라를 치는 것이 어떻겠소?

지당한 말씀입니다.

이 소식을 들은 연나라 소왕은 지략가인 소대를 불렀다.

조나라가 우리 연나라를 치지 못하게 할 방법이 없겠나?

제가 조나라 혜문왕을 만나 보겠습니다.

무슨 일로 나를 찾아왔는지 궁금하구나. 어서 말해 보거라.

제가 조나라로 들어오며 흥미로운 장면을 목격하였습니다.

이곳에 오는 길에 강을 지나게 되었는데, 그곳에서 뭍에 나온 조개를 보았습니다.

맛있겠다!

그때 도요새가 조갯살을 먹으러 부리를 조개 입속으로 넣자 조개가 입을 다물어 버렸습니다.

이거 안 놔!

가만히 있는 나를 건드렸겠다!

둘이 서로를 놓으려 하지 않고 다투는 사이 어부가 둘을 함께 잡아갔습니다.

힘도 안 들이고 조개와 도요새를 다 얻었네!

전하께서 지금 연나라를 치시면 두 나라가 전쟁으로 피폐해진 사이 진나라가 어부가 되어 두 나라를 집어삼키지 않을까 염려됩니다.

소대의 말을 들은 혜문왕은 연나라를 침략할 계획을 없던 것으로 하였다.

자네 말이 옳군. 지금 연나라를 치는 건 우리에게 위기가 될 수도 있겠어.

어부지리의 사례로는 무엇이 있을까?

A 국가와 B 국가가 무역 분쟁을 벌인 3개월 동안 우리나라의 수출량은 전년 대비 5% 이상 증가하였습니다.

두 국가의 분쟁으로 우리나라가 어부지리로 이익을 보았네요.

고래 싸움에 새우 등 터지는 거 아닌가 걱정했는데 다행이다.

속담 더 보기

| ㄱ | 가재는 게 편 | 모양이나 형편이 서로 비슷하고 인연이 있는 것끼리 서로 잘 어울리고, 사정을 보아주며 감싸 주기 쉬움을 비유적으로 이르는 말. |

가지 많은 나무에 바람 잘 날이 없다 — 가지가 많고 잎이 무성한 나무는 살랑거리는 바람에도 잎이 흔들려서 잠시도 조용한 날이 없다는 뜻으로, 자식을 많이 둔 어버이에게는 근심, 걱정이 끊일 날이 없음을 비유적으로 이르는 말.

간에 붙었다 쓸개에 붙었다 한다 — 자기에게 조금이라도 이익이 되면 지조 없이 이편에 붙었다 저편에 붙었다 함을 비유적으로 이르는 말.

고양이 쥐 생각 — 속으로는 해칠 마음을 품고 있으면서, 겉으로는 생각해 주는 척함을 이르는 말.

구더기 무서워 장 못 담글까 — 다소 방해되는 것이 있다 하더라도 마땅히 할 일은 하여야 함을 비유적으로 이르는 말.

급하면 바늘허리에 실 매어 쓸까 — 일에는 일정한 순서가 있고 때가 있는 것이므로, 아무리 급해도 순서를 밟아서 일해야 함을 비유적으로 이르는 말.

꿀 먹은 벙어리 — 속에 있는 생각을 나타내지 못하는 사람을 비유적으로 이르는 말.

꿈보다 해몽이 좋다 — 하찮거나 언짢은 일을 그럴듯하게 돌려 생각하여 좋게 풀이함을 비유적으로 이르는 말.
➊ 해몽(解夢): 꿈에 나타난 일을 풀어서 좋고 나쁨을 판단함.

꿩 대신 닭 — 꼭 적당한 것이 없을 때 그와 비슷한 것으로 대신하는 경우를 비유적으로 이르는 말.

| ㄴ | 나중 난 뿔이 우뚝하다 | ① 나중에 생긴 것이 먼저 것보다 훨씬 나음을 비유적으로 이르는 말.
② 후배가 선배보다 훌륭하게 되었음을 비유적으로 이르는 말. |

낮말은 새가 듣고 밤말은 쥐가 듣는다 — ① 아무도 안 듣는 데서라도 말조심해야 한다는 말.
② 아무리 비밀히 한 말이라도 반드시 남의 귀에 들어가게 된다는 말.

냉수 먹고 이 쑤시기 — 실속은 없으면서 무엇이 있는 체함을 이르는 말.

누워서 떡 먹기 — 하기가 매우 쉬운 것을 비유적으로 이르는 말.

| ㄷ | 다람쥐 쳇바퀴 돌 듯 | 앞으로 나아가거나 발전하지 못하고 제자리걸음만 함을 비유적으로 이르는 말. |

단단한 땅에 물이 괸다 — ① 헤프게 쓰지 않고 아끼는 사람이 재산을 모으게 됨을 비유적으로 이르는 말.
② 무슨 일이든 마음을 굳게 먹고 해야 좋은 결과를 얻게 됨을 비유적으로 이르는 말.

닭 쫓던 개 지붕 쳐다보듯	개에게 쫓기던 닭이 지붕으로 올라가자 개가 쫓아 올라가지 못하고 지붕만 쳐다본다는 뜻으로, 애써 하던 일이 실패로 돌아가거나 남보다 뒤떨어져 어찌할 도리가 없이 됨을 비유적으로 이르는 말.
도둑이 제 발 저리다	지은 죄가 있으면 자연히 마음이 조마조마하여짐을 비유적으로 이르는 말.
등잔 밑이 어둡다	대상에서 가까이 있는 사람이 도리어 대상에 대하여 잘 알기 어렵다는 말.
땅 짚고 헤엄치기	일이 매우 쉽다는 말.
똥 묻은 개가 겨 묻은 개 나무란다	자기는 더 큰 흉이 있으면서 도리어 남의 작은 흉을 본다는 말. ➕ 겨: 벼, 보리, 조 따위의 곡식을 찧어 벗겨 낸 껍질을 통틀어 이르는 말.

ㅁ

말 뒤에 말이 있다	말에는 겉으로 드러나지 아니한 속뜻이 있다는 말.
말 속에 말 들었다	말 속에 깊은 뜻이 있다는 말.
말 안 하면 귀신도 모른다	마음속으로만 애태울 것이 아니라 시원스럽게 말을 하여야 한다는 말.
말은 나면 제주도로 보내고 사람은 나면 서울로 보내라	망아지는 말의 고장인 제주도에서 길러야 하고, 사람은 어릴 때부터 서울로 보내어 공부를 하게 하여야 잘될 수 있다는 말.
말이 씨가 된다	늘 말하던 것이 마침내 사실대로 되었을 때를 이르는 말.
먹을수록 냠냠한다	먹을수록 욕심이 나서 더욱더 먹고 싶어 함을 이르는 말.
먼 사촌보다 가까운 이웃이 낫다	이웃끼리 서로 친하게 지내다 보면 먼 곳에 있는 일가보다 더 친하게 되어 서로 도우며 살게 된다는 것을 이르는 말.
목마른 놈이 우물 판다	제일 급하고 일이 필요한 사람이 그 일을 서둘러 하게 되어 있다는 말.

ㅂ

백지장도 맞들면 낫다	쉬운 일이라도 협력하여 하면 훨씬 쉽다는 말.
불난 집에 부채질한다	남의 재앙을 점점 더 커지도록 만들거나 성난 사람을 더욱 성나게 함을 비유적으로 이르는 말.
빈 수레가 요란하다	실속 없는 사람이 겉으로 다 떠들어 댐을 비유적으로 이르는 말.
빛 좋은 개살구	겉보기에는 먹음직스러운 빛깔을 띠고 있지만 맛은 없는 개살구라는 뜻으로, 겉만 그럴듯하고 실속이 없는 경우를 비유적으로 이르는 말.

ㅅ

산 넘어 산이다	갈수록 더욱 어려운 지경에 처하게 되는 경우를 비유적으로 이르는 말.
서당 개 삼 년에 풍월을 읊는다	어떤 분야에 대하여 지식과 경험이 전혀 없는 사람이라도 그 부문에 오래 있으면 얼마간의 지식과 경험을 갖게 된다는 것을 비유적으로 이르는 말.
섶을 지고 불로 들어가려 한다	당장에 불이 붙을 섶을 지고 이글거리는 불 속으로 뛰어든다는 뜻으로, 앞뒤 가리지 못하고 미련하게 행동함을 놀림조로 이르는 말.
십 년이면 강산도 변한다	세월이 흐르게 되면 모든 것이 다 변하게 됨을 비유적으로 이르는 말.

	아끼다 똥 된다	물건을 너무 아끼기만 하다가는 잃어버리거나 못 쓰게 됨을 비유적으로 이르는 말.
ㅇ	아니 땐 굴뚝에 연기 날까	원인이 없으면 결과가 있을 수 없음을 비유적으로 이르는 말.
	아닌 밤중에 홍두깨	별안간 엉뚱한 말이나 행동을 함을 비유적으로 이르는 말. ➕ 홍두깨: 다듬잇감을 감아서 다듬이질할 때에 쓰는, 단단한 나무로 만든 도구.
	업은 아이 삼 년 찾는다	무엇을 몸에 지니거나 가까이 두고도 까맣게 잊어버리고 엉뚱한 데에 가서 오래도록 찾아 헤매는 경우를 비유적으로 이르는 말.
	엎드려 절받기	상대편은 마음에 없는데 자기 스스로 요구하여 대접을 받는 경우를 비유적으로 이르는 말.
	우는 아이 젖 준다	무슨 일에 있어서나 자기가 요구하여야 쉽게 구할 수 있음을 이르는 말.
	원숭이도 나무에서 떨어진다	아무리 익숙하고 잘하는 사람이라도 간혹 실수할 때가 있음을 비유적으로 이르는 말.
	입술이 없으면 이가 시리다	서로 밀접한 관계에 있어서 하나가 망하면 다른 하나도 망하게 되는 경우를 비유적으로 이르는 말.
ㅈ ≀ ㅊ	장독보다 장맛이 좋다	겉모양은 보잘것없으나 내용은 훨씬 훌륭함을 이르는 말.
	쥐구멍에도 볕 들 날 있다	몹시 고생을 하는 삶도 좋은 운수가 터질 날이 있다는 말.
	참새가 방앗간을 그저 지나랴	① 욕심 많은 사람이 재물의 이익이 되는 실마리를 보고 가만있지 못한다는 말. ② 자기가 좋아하는 곳은 그대로 지나치지 못함을 비유적으로 이르는 말.
	친구 따라 강남 간다	자기는 하고 싶지 아니하나 남에게 끌려서 덩달아 하게 됨을 이르는 말.
ㅋ ≀ ㅎ	큰물에 큰 고기 논다	활동 무대가 커야 통이 큰 사람도 모이고 클 수도 있음을 비유적으로 이르는 말.
	토끼 둘을 잡으려다가 하나도 못 잡는다	욕심을 부려 한꺼번에 여러 가지 일을 하려 하면 그 가운데 하나도 이루지 못한다는 말.
	팔이 안으로 굽지 밖으로 굽나	자기 혹은 자기와 가까운 사람에게 정이 더 쏠리거나 유리하게 일을 처리함은 인지상정이라는 말.
	평안 감사도 저 싫으면 그만이다	아무리 좋은 일이라도 당사자의 마음이 내키지 않으면 억지로 시킬 수 없음을 비유적으로 이르는 말.
	품 안의 자식	자식이 어렸을 때는 부모의 뜻을 따르지만 자라서는 제 뜻대로 행동하려 함을 비유적으로 이르는 말.
	하나를 보고 열을 안다	일부만 보고 전체를 미루어 안다는 말.
	한술 밥에 배부르랴	어떤 일이든지 단번에 만족할 수는 없다는 말.

부록 의성어와 의태어

ㄱ

갈팡질팡
갈피를 잡지 못하고 이리저리 헤매는 모양.
예 주인은 몰려든 손님 때문에 <u>갈팡질팡</u> 어쩔 줄을 몰랐다.

건성건성
정성을 들이지 않고 대강대강 일을 하는 모양.
예 그렇게 <u>건성건성</u> 일하려면 그만두는 것이 낫다.

까무룩
정신이 갑자기 흐려지는 모양.
예 책을 읽다가 <u>까무룩</u> 잠이 들었다.

꼼짝달싹
몸이 아주 조금 움직이거나 들리는 모양.
예 강아지는 집에 도착할 때까지 <u>꼼짝달싹</u> 움직이지 않았다.

ㄴ ~ ㄷ

넘실넘실
물결 따위가 부드럽게 자꾸 굽이쳐 움직이는 모양.
예 파도가 <u>넘실넘실</u> 뱃전을 두드리다.

대롱대롱
작은 물건이 매달려 가볍게 잇따라 흔들리는 모양.
예 감나무에 감이 <u>대롱대롱</u> 달려 있다.

덥적덥적
무슨 일에나 자꾸 가리지 않고 참견하는 모양.
예 그는 남의 일에도 <u>덥적덥적</u> 나선다.

데면데면
사람을 대하는 태도가 친밀감이 없이 예사로운 모양.
예 그는 누구를 만나도 <u>데면데면</u> 대한다.

ㅂ

바득바득
고집을 부려 자꾸 우기거나 조르는 모양.
예 혼자만 <u>바득바득</u> 우기지 마라.

방글방글
입을 조금 벌리고 소리 없이 자꾸 귀엽고 보드랍게 웃는 모양.
예 아기가 살포시 잠을 깨더니 <u>방글방글</u> 웃는다.

비죽비죽
① 여럿이 다 끝이 조금 길게 내밀려 있는 모양.
예 봄이 되자 새싹이 <u>비죽비죽</u> 돋아났다.
② 언짢거나 비웃거나 울려고 할 때 소리 없이 입을 내밀고 실룩거리는 모양.
예 동생이 <u>비죽비죽</u> 울기 시작했다.

삐질삐질
몹시 난처하거나 힘들 때에 땀을 흘리는 모양.
예 갑작스러운 질문에 당황해서 진땀이 <u>삐질삐질</u> 났다.

ㅅ

산들산들
사늘한 바람이 가볍고 보드랍게 자꾸 부는 모양.
예 바람이 <u>산들산들</u> 분다.

성큼성큼
다리를 잇따라 높이 들어 크게 떼어 놓는 모양.
예 그는 급한 일이 있는지 <u>성큼성큼</u> 걸었다.

수군수군	남이 알아듣지 못하도록 낮은 목소리로 자꾸 가만가만 이야기하는 소리. 또는 그 모양.	
	예 교실에서 <u>수군수군</u> 말소리가 들렸다.	
숭덩숭덩	연한 물건을 조금 큼직하고 거칠게 자꾸 빨리 써는 모양.	
	예 그는 두부를 <u>숭덩숭덩</u> 썰었다.	
시적시적	힘들이지 아니하고 느릿느릿 행동하거나 말하는 모양.	
	예 그는 대답하기 귀찮은 듯 <u>시적시적</u> 말한다.	
쌔근쌔근	① 고르지 아니하고 가쁘게 자꾸 숨 쉬는 소리. 또는 그 모양.	
	예 그는 분을 참느라고 <u>쌔근쌔근</u> 어깨만 들썩이고 있었다.	
	② 어린아이가 곤히 잠들어 조용하게 자꾸 숨 쉬는 소리. 또는 그 모양.	
	예 <u>쌔근쌔근</u> 자고 있는 어린이의 얼굴은 천사와 같다.	

ㅇ

아슴아슴	정신이 흐릿하고 몽롱한 모양.	
	예 어릴 적 친구의 모습이 <u>아슴아슴</u> 떠올랐다.	
어기적어기적	① 팔다리를 부자연스럽고 크게 움직이며 천천히 걷는 모양.	
	예 그는 양팔을 축 늘어뜨린 채 <u>어기적어기적</u> 걸어왔다.	
	② 음식 따위를 입 안에 가득 넣고 천천히 씹어 먹는 모양.	
	예 그는 사과를 베어 물고 <u>어기적어기적</u> 씹었다.	
어룽어룽	① 뚜렷하지 아니하고 흐리게 어른거리는 모양.	
	예 짙은 안개 때문에 가까운 거리조차 <u>어룽어룽</u> 보였다.	
	② 여러 가지 빛깔의 큰 점이나 줄 따위가 고르고 촘촘하게 무늬를 이룬 모양.	
	예 노인의 얼굴에 검버섯이 <u>어룽어룽</u> 피었다.	
	③ 눈물이 그득하여 넘칠 듯한 모양.	
	예 그는 눈물이 <u>어룽어룽</u> 고인 눈으로 하늘을 바라보았다.	
어름어름	말이나 행동을 똑똑하게 분명히 하지 못하고 우물쭈물하는 모양.	
	예 그는 답하기가 어려웠는지 <u>어름어름</u> 뜸을 들였다.	
어정어정	키가 큰 사람이나 짐승이 이리저리 천천히 걷는 모양.	
	예 그는 뒷짐을 지고 <u>어정어정</u> 걸었다.	
억실억실	얼굴 모양이나 생김새가 선이 굵고 시원시원한 모양.	
	예 그는 키가 크고 얼굴이 <u>억실억실</u>하다.	
얼기설기	가는 것이 이리저리 뒤섞이어 얽힌 모양.	
	예 그는 지붕을 짚으로 <u>얼기설기</u> 엮었다.	
엉거주춤	아주 앉지도 서지도 아니하고 몸을 반쯤 굽히고 있는 모양.	
	예 그는 부끄러운지 눈치만 보고 <u>엉거주춤</u> 서 있었다.	
올망졸망	작고 또렷한 것들이 고르지 않게 많이 벌여 있는 모양.	
	예 예쁜 인형들이 <u>올망졸망</u> 진열되어 있다.	
와글와글	사람이나 벌레 따위가 한곳에 많이 모여 잇따라 떠들거나 움직이는 소리. 또는 그 모양.	
	예 창밖의 매미 소리가 <u>와글와글</u> 끓었다.	

와들와들   춥거나 무서워서 몸을 잇따라 아주 심하게 떠는 모양.
예 추워서 온몸이 <u>와들와들</u> 떨린다.

우글우글   ① 그릇에서 물이나 찌개 따위가 자꾸 요란스럽게 끓어오르는 소리. 또는 그 모양.
예 물이 <u>우글우글</u> 끓고 있으니 면을 넣어야겠다.
② 벌레나 짐승, 사람 따위가 한곳에 빽빽하게 많이 모여 자꾸 움직이는 모양.
예 녀석들이 그 컴컴한 방에 <u>우글우글</u> 모여 있는 것이 아무래도 수상하다.
③ '우그렁우그렁'의 준말. 여러 군데가 안쪽으로 우묵하게 들어가고 주름이 많이 잡힌 모양.
예 차는 벌써 열 군데도 넘게 <u>우글우글</u> 찌그러져 있다.

유들유들   부끄러운 줄도 모르고 뻔뻔한 데가 있는 모양.
예 그는 <u>유들유들</u> 웃으며 자꾸 귀찮게 굴었다.

진득진득   눅진하고 차져 끈적끈적하게 자꾸 달라붙는 모양.
예 개펄에 들어갔더니 <u>진득진득</u> 발이 빠졌다.

질근질근   질깃한 물건을 자꾸 씹는 모양.
예 타석에 들어선 선수는 껌을 <u>질근질근</u> 씹었다.

찌걱찌걱   느슨해진 나무틀이나 엉성하게 묶인 짐짝 따위가 자꾸 쏠리는 소리.
예 한밤중에 누군가가 대문을 <u>찌걱찌걱</u> 흔들었다.

추적추적   비나 진눈깨비가 자꾸 축축하게 내리는 모양.
예 창밖에는 가을비가 <u>추적추적</u> 내렸다.

터덜터덜   지치거나 느른하여 무거운 발걸음으로 계속 힘없이 걷는 소리. 또는 그 모양.
예 <u>터덜터덜</u> 걸어가는 그의 뒷모습이 몹시 측은해 보였다.

파들파들   몸을 자꾸 작게 파르르 떠는 모양. '바들바들'보다 거센 느낌을 준다.
예 공포 영화를 보니 온몸이 <u>파들파들</u> 떨렸다.

푸석푸석   ① 부피만 크고 바탕이 거친 물건 따위가 자꾸 쉽게 부스러지는 소리. 또는 그 모양.
예 발걸음을 옮길 때마다 낙엽이 <u>푸석푸석</u> 날렸다.
② 살이 핏기가 없이 부어오른 듯하고 거친 모양.
예 잠을 못 자서 얼굴이 <u>푸석푸석</u> 부은 듯했다.

하롱하롱   작고 가벼운 물체가 떨어지면서 잇따라 흔들리는 모양.
예 꽃잎이 <u>하롱하롱</u> 떨어지다.

할금할금   곁눈으로 살그머니 계속 할겨 보는 모양.
예 강아지가 <u>할금할금</u> 내 눈치를 살핀다.

해뜩해뜩   다른 빛깔 속에 하얀 빛깔이 군데군데 뒤섞여 있는 모양.
예 여인의 긴 치마 밑으로 하얀 버선코가 <u>해뜩해뜩</u> 보인다.

힐긋힐긋   가볍게 슬쩍슬쩍 자꾸 흘겨보는 모양.
예 사람들은 그를 <u>힐긋힐긋</u> 쳐다보았다.

빠른시작 빠작

중학 국어 어휘

 빠작으로 내신과 수능을 한발 앞서 준비하세요.

빠른시작

빠작

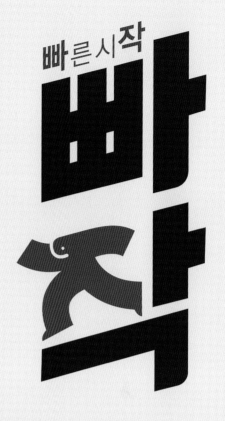

어휘력 다지기
+ 정답과 해설

1

중학 국어
어휘

동아출판

어휘력
다지기

01~05 빈칸에 들어갈 어휘를 〈보기〉에서 찾아 쓰시오.

〈보기〉

계승　　명시　　암시　　유희　　푸념

01 이 안내서에는 입장료가 [　][　]되어 있지 않다.

02 왕위 [　][　]을 둘러싸고 권력 싸움이 벌어졌다.

03 그 아이는 심부름을 가기 싫다고 [　][　]을 늘어놓았다.

04 이 소설에서 소나기는 주인공의 짧은 사랑을 [　][　]한다.

05 친구들은 운동장에서 술래잡기를 하며 신나게 [　][　]를 즐겼다.

06~10 다음 뜻에 해당하는 어휘를 고르시오.

06 문화, 풍속, 제도 따위를 이어받아 계승함.　　　　　　　　　　(전승 | 전염)

07 불만을 길게 늘어놓으며 하소연하는 말.　　　　　　　　　　(넉살 | 넋두리)

08 맑고 서늘하다.　　　　　　　　　　　　　　　　　　　　　(처량하다 | 청량하다)

09 몸이 튼튼하고 기운이 세다.　　　　　　　　　　　　　　　　(건장하다 | 건전하다)

10 벗 사이의 맑고도 고귀한 사귐을 이르는 말.　　　　　　　　(붕우유신 | 지란지교)

11~15 빈칸에 들어갈 어휘를 쓰시오.

11 [ ][ ][ ] : 형체로는 분명히 나타나 있지 않은 것을 어떤 방법이나 매체를 통하여 구체적이고 명확한 형상으로 나타냄.

12 [ ][ ][ ][ ] : 관중과 포숙아의 사귐이란 뜻으로, 우정이 아주 돈독한 친구 관계를 이르는 말.

13 [ ][ ][ ][ ] : 서로 거스름이 없는 친구라는 뜻으로, 허물이 없이 아주 친한 친구를 이르는 말.

14 [ ][ ][ ][ ] : 생각지 않았거나 뜻하지 않았던 사실이나 사건과 우연히 마주치게 된 것이 이상하고 묘하다고 할 만하다.

15 [ ][ ][ ][ ] : 물이 없으면 살 수 없는 물고기와 물의 관계라는 뜻으로, 아주 친밀하여 떨어질 수 없는 사이를 비유적으로 이르는 말.

16~18 다음 어휘의 뜻을 간략하게 쓰시오.

16 시어: _____

17 화자: _____

18 죽마고우: _____

맞힌 개수 (   ) / 18문항

복습할 어휘

▶▶ 본책 10쪽으로 돌아가서 복습할 수 있습니다.

01~05 빈칸에 들어갈 어휘를 〈보기〉에서 찾아 쓰시오.

┌─────────── 보기 ───────────┐
비유　　선연히　　소행　　추상적　　함축적
└──────────────────────────┘

01 방을 어지럽힌 □□이 괘씸하다고 혼이 났다.

02 그의 그림은 늘 □□□이기 때문에 이해하기가 힘들다.

03 시어의 □□□인 의미를 알면 시의 주제를 파악하기 쉽다.

04 공연을 여러 번 봤더니 눈을 감으면 그 무대가 □□□ 떠오른다.

05 □□는 대상을 참신하고 생생한 느낌으로 전달하는 표현 방식이다.

06~10 다음 뜻에 해당하는 어휘를 찾아 바르게 연결하시오.

06 뜻이 매우 깊다. ・ ・㉠ 무색하다

07 자랑하여 보이다. ・ ・㉡ 과시하다

08 겸연쩍고 부끄럽다. ・ ・㉢ 과장하다

09 사실보다 지나치게 불려서 나타내다. ・ ・㉣ 의미심장하다

10 보기에 날씨나 분위기 따위가 몹시 스산하고 쓸쓸한 데가 있다. ・ ・㉤ 을씨년스럽다

11~14 빈칸에 들어갈 관용구를 〈보기〉에서 찾아 문맥에 맞게 쓰시오.

┌─── 보기 ───┐

머리가 굳다   머리가 굵다   머리를 맞대다   머리 위에 앉다

11 학생들이 (   ) 말도 잘 안 듣는다.

12 여행 장소를 정하기 위해 (   ) 논의했다.

13 할머니는 (   ) 어제 일도 잘 생각나지 않는다고 한탄하셨다.

14 내가 하고 싶은 걸 늘 먼저 말해 주는 친구는 내 (   ) 있는 것 같다.

15~18 빈칸에 들어갈 어휘를 쓰시오.

15 ☐☐☐ : 비유에서 표현하고자 하는 대상.

16 ☐☐☐☐ : 비유에서 원관념의 뜻이나 분위기가 잘 드러나도록 도와주는 것으로, 빗대어 표현한 대상.

17 ☐☐☐☐ : 날씨가 흐리고 으스스하다. 분위기 따위가 을씨년스럽고 썰렁하다.

18 ☐☐☐☐ : 본래의 특색을 드러내지 못하고 보잘것없다.

🔲 맞힌 개수   (   ) / 18문항

☑ 복습할 어휘

▶▶ 본책 14쪽으로 돌아가서 복습할 수 있습니다.

01~06 제시된 초성과 뜻을 참고하여 빈칸에 들어갈 어휘를 쓰시오.

01 ㅎ ㅍ : 몹시 모질고 혹독하게 평가함.
예 그는 친구가 자신의 그림을 ( )하자, 얼굴이 어두워졌다.

02 ㅇ ㅂ : 예상하지 못한 사태나 괴상한 변고.
예 지구촌 곳곳에 기상 ( )으로 인한 피해가 나타나고 있다.

03 ㅎ ㅍ : 좋게 평가함. 또는 그런 평판이나 평가.
예 그 영화는 작품성에서 ( )을 받아 인기를 얻게 되었다.

04 ㅁ ㅇ : 무사인 사람. 곧 무예를 닦은 사람. 무관의 관직에 있는 사람.
예 그는 전장에서 공을 세워 당대 최고의 ( )으로 불렸다.

05 ㄱ ㅊ : 일정하게 자리를 잡고 사는 일. 또는 그 장소.
예 그는 졸업 후의 ( )를 아직 결정하지 못했다.

06 ㅁ ㅇ : 문필에 종사하는 사람. 문관의 관직에 있는 사람.
예 옛 ( )들은 붓과 벼루를 가까이 두고 글쓰기를 즐겨했다.

07~10 빈칸에 들어갈 한자 성어를 쓰시오.

07 ☐☐☐☐ : 자나 깨나 잊지 못함.

08 ☐☐☐☐ : 학의 목처럼 목을 길게 빼고 간절히 기다림.

09 ☐☐☐☐ : 한 조각의 붉은 마음이라는 뜻으로, 진심에서 우러나오는 변치 아니하는 마음을 이르는 말.

10 ☐☐☐☐☐ : 하루가 삼 년 같다는 뜻으로, 몹시 애태우며 기다림을 이르는 말.

11~15 다음 뜻에 해당하는 어휘를 찾아 바르게 연결하시오.

11 쓸모가 있다. · · ㉠ 궁상맞다

12 꾀죄죄하고 초라하다. · · ㉡ 유용하다

13 익숙하지 않아 어색하다. · · ㉢ 청승맞다

14 궁상스럽고 처량하여 보기에 몹시 언짢다. · · ㉣ 다독이다

15 남의 약한 점을 따뜻이 어루만져 감싸고 달래다. · · ㉤ 생경하다

16~18 〈보기〉를 참고하여 각 표현법에 해당하는 문장을 만드시오.

보기

· 직유법: 비슷한 성질이나 모양을 가진 두 사물을 '같이', '처럼', '듯이'와 같은 연결어로 결합하여 직접 비유하는 표현 방법.
· 은유법: 'A는 B이다.' 또는 'A의 B'의 형식으로 암시적으로 비유하는 표현 방법.
· 의인법: 사람이 아닌 것을 사람에 빗대어 사람이 행동하는 것처럼 표현하는 방법.

---

16 직유법: _____

17 은유법: _____

18 의인법: _____

맞힌 개수	( ) / 18문항
복습할 어휘	

▶▶ 본책 18쪽으로 돌아가서 복습할 수 있습니다.

01~05 빈칸에 들어갈 어휘를 〈보기〉에서 찾아 쓰시오.

> 보기
>
> 무료　　상기　　상징　　시조　　인적

01 노루와 사슴이 □□에 놀라 달아났다.

02 예부터 비둘기는 평화의 □□으로 여겼다.

03 어린이날에는 놀이 시설을 □□로 개방한다.

04 윤선도는 우리나라 고유의 정형시인 □□ 작가이다.

05 그는 연설을 앞두고 □□가 되어서 그런지 볼이 발그레했다 .

06~10 빈칸에 들어갈 어휘를 〈보기〉에서 찾아 문맥에 맞게 쓰시오.

> 보기
>
> 까마득하다　　노쇠하다　　다분하다　　미묘하다　　비옥하다

06 이 땅은 (　　　　　) 농사짓기에 적합하다.

07 윤호는 연예인이 될 끼가 (　　　　　) 친구이다.

08 아래로는 (　　　　　) 낭떠러지라 조심해야 한다.

09 감정의 (　　　　　) 변화를 알아차리는 것은 어렵다.

10 이미 (　　　　　) 나귀의 등에 짐을 싣기가 안쓰러웠다.

11~13 다음 뜻에 해당하는 어휘를 고르시오.

11 흥미 있는 일이 없어 심심하고 지루함. (무료 | 무기력)

12 사람이 있음을 알 수 있게 하는 소리나 기색. (인척 | 인기척)

13 집, 토지, 삼림 따위가 거칠어져 못 쓰게 되다. (황량하다 | 황폐하다)

14~18 빈칸에 알맞은 어휘를 넣어 속담을 완성하시오.

14 자기에게 덕망이 있어야 사람들이 따르게 됨을 비유적으로 이르는 말.

→ ☐이 깊어야 ☐☐가 모인다

15 덕이 높고 생각이 깊은 사람은 겉으로 떠벌리고 잘난 체하거나 뽐내지 않는다는 말.

→ ☐이 깊을수록 ☐☐가 없다

16 자기의 능력 밖의 불가능한 일에 대해서는 처음부터 욕심을 내지 않는 것이 좋다는 말.

→ 오르지 못할 ☐☐는 쳐다보지도 마라

17 아무리 재주가 뛰어나다 하더라도 그보다 더 뛰어난 사람이 있다는 뜻으로, 스스로 뽐내는 사람을 경계하여 이르는 말.

→ ☐☐ 놈 위에 ☐☐ 놈 있다

18 교양이 있고 수양을 쌓은 사람일수록 겸손하고 남 앞에서 자기를 내세우려 하지 않는다는 것을 비유적으로 이르는 말.

→ ☐☐☐은 익을수록 ☐☐를 숙인다

☑ 맞힌 개수 (   ) / 18문항

☑ 복습할 어휘

▶▶ 본책 22쪽으로 돌아가서 복습할 수 있습니다.

01~05 빈칸에 들어갈 어휘를 〈보기〉에서 찾아 쓰시오.

〈보기〉

격분　　구성　　도량　　빙자　　요행

01 그의 꿈은 □□이 넓은 사람이 되는 것이다.

02 그는 모욕적인 말을 듣고 □□을 참지 못했다.

03 친목 모임을 □□해서 시험이 끝나고 놀이공원에 갔다.

04 시험공부를 하지 못했지만 □□을 바라고 잠이라도 푹 자기로 했다.

05 소설은 갈등의 심화와 해결 과정에 따라 대체로 5단□□으로 이루어진다.

06~10 다음 뜻에 해당하는 어휘를 찾아 바르게 연결하시오.

06 뜻밖에 일이 잘되어 운이 좋음.　　　　　　　　　　　　•　　　　• ㉠ 격노

07 몹시 분하고 노여운 감정이 북받쳐 오름.　　　　　　　•　　　　• ㉡ 다행

08 옳음과 그름. 옳고 그름을 따지는 말다툼.　　　　　　　•　　　　• ㉢ 회심

09 마음에 흐뭇하게 들어맞음. 또는 그런 상태의 마음.　　•　　　　• ㉣ 시비

10 지나치거나 모자라지 아니하고 한쪽으로 치우치지도 아니한,
떳떳하며 변함이 없는 상태나 정도.　　　　　　　　　　•　　　　• ㉤ 중용

11~14 제시된 초성을 참고하여 다음 뜻에 해당하는 한자 성어를 쓰시오.

11 [ㅅ][ㅌ][ㄷ][ㅅ] : 작은 것을 탐하다가 큰 것을 잃음.　　　　_____

12 [ㄱ][ㅁ][ㅅ][ㅅ] : 어떠한 실물을 보게 되면 그것을 가지고 싶은 욕심이 생김.　　_____

13 [ㄱ][ㅇ][ㅂ][ㄱ] : 정도를 지나침은 미치지 못함과 같다는 뜻으로, 중용이 중요함을 이르는 말.

_____

14 [ㄱ][ㄱ][ㅅ][ㅇ] : 소의 뿔을 바로잡으려다가 소를 죽인다는 뜻으로, 잘못된 점을 고치려다가 그 방법
이나 정도가 지나쳐 오히려 일을 그르침을 이르는 말.　　_____

15~18 빈칸에 들어갈 어휘를 쓰시오.

15 [　][　][　][　] : 여러 산이 겹치고 겹친 산속.

16 [　][　][　] : 사실에서 벗어나 만들어진 모양이나 요소를 가지는 성질.

17 [　][　] : 현실에 있음 직한 일을 작가가 상상하여 꾸며 쓴 산문 문학.

18 [　][　] : 문학 작품에서 인물의 마음속 생각이나 인물들 간의 관계가 대립되어 뒤엉킨 상태.

🔲 맞힌 개수　　(　　　　　) / 18문항

☑ 복습할 어휘

▶▶ 본책 26쪽으로 돌아가서 복습할 수 있습니다.

01~05 빈칸에 들어갈 어휘를 〈보기〉에서 찾아 쓰시오.

보기

| 그늘 | 배경 | 사건 | 속박 | 인물 |

01 이제는 부모의 [ ][ ]에서 벗어나 자립할 때가 되었다.

02 그는 일제의 [ ][ ]에서 벗어나기 위해 만주로 망명하였다.

03 소설에서 [ ][ ]들은 마치 거미줄처럼 조직적으로 연결되어 있다.

04 현덕의 「하늘은 맑건만」에는 문기와 수만 등 여러 [ ][ ]이 등장한다.

05 박완서의 「자전거 도둑」은 1970년대 청계천을 [ ][ ]으로 한 작품이다.

06~10 다음 뜻에 해당하는 어휘를 찾아 바르게 연결하시오.

06 날이 예리하고 짧은 칼.　　　　　　　　　　　　　　• 　　　• ㉠ 자초지종

07 처음부터 끝까지의 과정.　　　　　　　　　　　　　• 　　　• ㉡ 비수

08 남의 재물이나 권리, 자격 따위를 빼앗음.　　　　　• 　　　• ㉢ 결박

09 몸이나 손 따위를 움직이지 못하도록 동이어 묶음.　• 　　　• ㉣ 박탈

10 무릎의 아래라는 뜻으로, 어버이나 조부모의 보살핌 아래.　　• 　　　• ㉤ 슬하
주로 부모의 보호를 받는 테두리 안을 이른다.

11~14 빈칸에 들어갈 관용구를 〈보기〉에서 찾아 문맥에 맞게 쓰시오.

┌─────────── 보기 ───────────┐

난다 긴다 하다 　　　 뒤가 깨끗하다 　　　 보는 눈이 있다 　　　 싹수가 노랗다

└────────────────────────────┘

11 그녀는 좋은 작품을 (　　　　　　).

12 어린 녀석이 자꾸 거짓말하는 것을 보니 벌써 (　　　　　　).

13 강직한 성품을 지닌 그는 (　　　　　) 사람으로 소문이 났다.

14 올림픽에는 전 세계의 (　　　　　) 선수들이 모두 출전할 예정이다.

15~18 빈칸에 들어갈 어휘를 쓰시오.

15 ☐☐☐☐ : 거듭하여 간곡히 하는 당부.

16 ☐☐☐ : 박탈당하였다고 여기는 느낌이나 기분.

17 ☐☐☐☐☐☐ : 시치미를 뚝 떼어 겉으로는 아무렇지 않은 체하는 태도가 있다.

18 ☐☐☐ : 다른 것을 모방함이 없이 새로운 것을 처음으로 만들어 내거나 생각해 내는. 또는 그런 것.

┌───┐
│ 🖰 맞힌 개수 　　 (　　　　) / 18문항 │
├───┤
│ ☑ 복습할 어휘 │
└───┘

▶▶ 본책 30쪽으로 돌아가서 복습할 수 있습니다.

01~05 빈칸에 들어갈 어휘를 〈보기〉에서 찾아 쓰시오.

〈보기〉

결의   낙향   승화   천대   후대

01 유비와 관우, 장비는 의형제가 되기로 □□했다.

02 홍길동은 서자로 태어나 집안에서 □□를 받았다.

03 이중섭은 현실의 고단함을 예술로 □□한 화가이다.

04 그는 □□하여 자연을 벗하며 글 읽기에 전념하고 있다.

05 집에 찾아온 손님을 □□하는 것이 마땅한 도리라고 배웠다.

06~10 다음 뜻에 해당하는 어휘를 찾아 바르게 연결하시오.

06 몹시 심하게 하는 꾸지람.   ·   · ㉠ 불호령

07 사리를 따져 보건대 마땅히. 또는 반드시.   ·   · ㉡ 불벼락

08 중요하게 여길 만하지 아니하고 예사롭다.   ·   · ㉢ 모름지기

09 호된 꾸중이나 책망을 비유적으로 이르는 말.   ·   · ㉣ 범상하다

10 시간의 흐름에 따라 주인공의 일생이 순서대로 전개되는 것. ·   · ㉤ 일대기적 구성

11~13 다음 뜻에 해당하는 어휘를 고르시오.

11 생김새 따위가 이상하고 묘하다. (기묘하다 | 기발하다)

12 귀신같이 나타났다가 사라진다는 뜻으로, 그 움직임을 쉽게 알 수 없을 만큼 자유자재로 나타나고 사라짐을 비유적으로 이르는 말. (신출내기 | 신출귀몰)

13 19세기 이전에 창작된 소설을 이르는 말. 우리나라의 경우 신소설이 나오기 전까지 창작된 소설을 이른다. (고전 소설 | 현대 소설)

14~18 제시된 초성을 참고하여 다음 뜻에 해당하는 한자 성어를 쓰시오.

14 ㄱ ㅊ ㅂ ㅇ : 죽은 뒤라도 은혜를 잊지 않고 갚음을 이르는 말. _____

15 ㄱ ㄱ ㄴ ㅁ : 남에게 입은 은혜가 뼈에 새길 만큼 커서 잊히지 아니함. _____

16 ㅍ ㅅ ㅈ ㅌ : 효도를 다하지 못한 채 어버이를 여읜 자식의 슬픔을 이르는 말. _____

17 ㅂ ㄱ ㄴ ㅁ : 죽어서 백골이 되어도 잊을 수 없다는 뜻으로, 남에게 큰 은덕을 입었을 때 고마움의 뜻으로 이르는 말. _____

18 ㅂ ㅍ ㅈ ㅎ : 까마귀 새끼가 자라서 늙은 어미에게 먹이를 물어다 주는 효라는 뜻으로, 자식이 자란 후에 어버이에게 은혜를 갚는 효성을 이르는 말. _____

맞힌 개수	( ) / 18문항
복습할 어휘	

▶▶ 본책 38쪽으로 돌아가서 복습할 수 있습니다.

01~05 빈칸에 들어갈 어휘를 〈보기〉에서 찾아 쓰시오.

보기
대사 명분 문책 영욕 장악

01 이번 사태의 관련자를 [ ][ ]하여 진상을 밝혀야 한다.

02 연극이나 영화 따위에서 배우가 하는 말을 [ ][ ]라고 한다.

03 고려의 귀족들은 주요 관직을 차지하여 권력을 [ ][ ]하였다.

04 옛 선비들은 물질이나 이득보다는 절의나 [ ][ ]을 중시하였다.

05 할머니는 격동의 시절을 살아오면서 민족의 [ ][ ]과 성쇠를 지켜보았다.

06~10 다음 뜻에 해당하는 어휘를 찾아 바르게 연결하시오.

06 영광스러운 명예. • • ㉠ 치욕

07 몸가짐이 조심스럽고 얌전하다. • • ㉡ 영예

08 수치와 모욕을 아울러 이르는 말. • • ㉢ 지시문

09 마음이 안타깝거나 쓰라리다. 애처롭고 쓸쓸하다. • • ㉣ 애달프다

10 희곡에서 등장인물의 행동이나 표정, 무대의 장치, 분위기 따위를 나타내는 부분. • • ㉤ 조신하다

11~14 다음 뜻에 해당하는 어휘를 고르시오.

11 공연을 목적으로 하는 연극의 대본. (소설 | 희곡)

12 잘못을 꾸짖거나 나무라며 못마땅하게 여김. (책망 | 책임)

13 연극에서, 무대를 어둡게 한 상태에서 무대 장치나 장면을 바꾸는 일. (명전 | 암전)

14 옷 따위가 낡아 해지고 차림새가 너저분하다. (남루하다 | 수수하다)

15~18 빈칸에 알맞은 어휘를 넣어 속담의 의미를 완성하시오.

15 남의 손의 떡은 커 보인다

: 남의 것이 제 것보다 더 좋아 보인다는 뜻으로, 남의 것을 □내는 마음을 이르는 말.

16 닫는 사슴을 보고 얻은 토끼를 잃는다

: 지나치게 욕심을 부리다가 도리어 □□를 봄을 비유적으로 이르는 말.

17 아홉 가진 놈이 하나 가진 놈 부러워한다

: 욕심이 □□을 비유적으로 이르는 말.

18 바다는 메워도 사람의 욕심은 못 채운다

: 아무리 넓고 깊은 바다라도 메울 수는 있지만, 사람의 욕심은 끝이 없어 메울 수 없다는 뜻으로, 사람의 □□이 한이 없음을 비유적으로 이르는 말.

맞힌 개수 ( ) / 18문항

복습할 어휘

▶▶ 본책 42쪽으로 돌아가서 복습할 수 있습니다.

01~06 제시된 초성과 뜻을 참고하여 빈칸에 들어갈 어휘를 쓰시오.

01 ㅈ ㄱ : 일을 끝냄.

예 어느덧 사건의 수사가 (   ) 단계에 이르렀다.

02 ㄱ ㅁ : 깔보아 업신여김.

예 그녀는 권력에 아부하는 사람을 (   )하였다.

03 ㅇ ㅈ : 자기가 사는 곳 밖의 다른 고장.

예 사람들이 새로운 직장을 구하기 위해 (   )로 떠나갔다.

04 ㄴ ㄷ : 태도나 마음씨가 동정심 없이 차가움.

예 약속을 지키지 않은 나에게 친구는 (   )한 말투로 말했다.

05 ㅊ ㅅ : 어떤 일에 손을 댐. 또는 어떤 일을 시작함.

예 그들은 기사를 쓰기 전에 역할을 분담해 취재에 (   )하였다.

06 ㄱ ㅅ 스럽다: 성질이나 행동이 몹시 드세거나 지나치게 적극적인 데가 있다.

예 어느 배우는 (   )스러운 팬이 많다고 하소연했다.

07~10 다음 뜻에 해당하는 어휘를 고르시오.

07 다른 지방이나 지역. (타지 | 타향)

08 업신여기고 얕잡아 봄. (모멸 | 모순)

09 자세하고 빈틈이 없이. (면밀히 | 성실히)

10 영화를 만들기 위하여 쓴 대본. (희곡 | 시나리오)

11~13 빈칸에 들어갈 어휘를 〈보기〉에서 찾아 문맥에 맞게 쓰시오.

┌─────────────── 보기 ───────────────┐

진노하다   역력하다   억척스럽다

└──────────────────────────────────┘

11 오랑캐의 침입에 (   ) 왕이 신하들을 소집했다.

12 가난을 벗어나기 위해 삼촌은 (   ) 일을 하셨다.

13 집 안에는 도둑이 든 흔적이 (   ) 남아 있었다.

14~18 빈칸에 들어갈 어휘를 쓰시오.

14 □□□□ : 사방으로 날아 흩어짐.

15 □□□□ : 아무에게도 도움을 받지 못하는, 외롭고 곤란한 지경에 빠진 형편을 이르는 말.

16 □□□□ : 눈 위에 서리가 덮인다는 뜻으로, 난처한 일이나 불행한 일이 잇따라 일어남을 이르는 말.

17 □□□□ : 바람 앞의 등불이라는 뜻으로, 사물이 매우 위태로운 처지에 놓여 있음을 비유적으로 이르는 말.

18 □□□□ : 모래 위에 세운 누각이라는 뜻으로, 기초가 튼튼하지 못하여 오래 견디지 못할 일이나 물건을 이르는 말.

맞힌 개수	( ) / 18문항
복습할 어휘	

▶▶ 본책 46쪽으로 돌아가서 복습할 수 있습니다.

01~05 빈칸에 들어갈 어휘를 〈보기〉에서 찾아 쓰시오.

보기

매료   수필   여념   여정   질풍

01 한 달간의 긴 ☐☐을 마치고 돌아왔다.

02 도로 위의 자동차는 ☐☐같이 앞으로 달려갔다.

03 당시 나는 그 가수의 노래에 완전히 ☐☐되어 있었다.

04 시험 기간이 되면 학생들은 모두 문제 풀이에 ☐☐이 없다.

05 특별히 정해진 형식이 없어서 ☐☐은 글쓴이의 개성에 따라 자유롭게 쓴다.

06~10 다음 뜻에 해당하는 어휘를 찾아 바르게 연결하시오.

06 태도나 말에 예의가 없다. •   • ㉠ 아득하다

07 어떻게 하면 좋을지 몰라 막막하다. •   • ㉡ 무례하다

08 정도 이상의 좋은 것만 찾는 버릇이 있다. •   • ㉢ 방자하다

09 숨김이나 거리낌이 없이 그대로 드러나 있다. •   • ㉣ 눈이 높다

10 어려워하거나 조심스러워하는 태도가 없이 무례하고 건방지다. • • ㉤ 공공연하다

11~14 다음 뜻에 해당하는 어휘를 고르시오.

11 거쳐 지나가는 길이나 과정.   (노정 | 역경)

12 기행문의 요소 중 여행하면서 보고 들은 것.   (감상 | 견문)

13 스스로에게 긍지를 가지는 마음.   (자긍심 | 자만심)

14 대중 사이에 널리 퍼져 친숙해짐. 또는 그렇게 되게 함.   (대중적 | 대중화)

15~18 제시된 초성을 참고하여 다음 뜻에 해당하는 관용구를 쓰시오.

15 눈을 ㅂ ㅇ ㄷ : 잠을 자다.   _____

16 ㄴ 에 넣어도 ㅇ ㅍ ㅈ 않다: 매우 귀엽다.   _____

17 눈앞이 ㅋ ㅋ 하다: 어찌할 바를 몰라 아득하다.   _____

18 ㄴ 에 ㅂ 을 켜다: 몹시 욕심을 내거나 관심을 기울이다.   _____

☑ 맞힌 개수   (   ) / 18문항

☑ 복습할 어휘

▶▶ 본책 50쪽으로 돌아가서 복습할 수 있습니다.

01~05 빈칸에 들어갈 어휘를 〈보기〉에서 찾아 쓰시오.

보기

| 금지 | 대항 | 요약 | 용납 | 취지 |

01 사회자는 이번 강연회의 [ ]를 설명했다.

02 가을에는 학교 [ ] 축구 경기가 개최된다.

03 학교에서는 수업 시간에 휴대 전화 사용을 [ ]한다.

04 동생의 그런 무례한 행동은 도저히 [ ]을 할 수 없다.

05 말이나 글을 [ ]할 때에는 요점을 잡아서 간추려야 한다.

06~10 다음 뜻에 해당하는 어휘를 찾아 바르게 연결하시오.

06 허락하여 너그럽게 받아들임.   • ㉠ 고찰

07 어떤 것을 깊이 생각하고 연구함.   • ㉡ 허용

08 개별적인 것이나 특수한 것이 일반적인 것으로 됨. 또는 그렇게 만듦. •   • ㉢ 논설문

09 어떤 주제에 대한 자신의 주장이나 의견을 논리적으로 밝혀 쓴 글. •   • ㉣ 설명문

10 어떤 대상에 대한 지식이나 정보를 독자들이 쉽게 이해할 수 있도록
체계적으로 풀어 쓴 글.   • ㉤ 일반화

11~14 다음 뜻에 해당하는 어휘를 고르시오.

11   어떤 일이나 의논, 의견에 그 근본이 됨. 또는 그런 까닭.   (근거 | 증거)

12   공경하면서 두려워하는 마음.   (경각심 | 경외심)

13   널리 일반인에게 퍼짐. 또는 그렇게 되게 함.   (보편화 | 특수화)

14   정신적·심리적으로 깊이 마음속에 자리 잡힘. 또는 그렇게 되게 함.   (내면화 | 표면화)

15~18 빈칸에 들어갈 어휘를 쓰시오.

15   ☐☐☐☐ : 손에서 책을 놓지 아니하고 늘 글을 읽음.

16   ☐☐☐☐ : 다른 생각은 전혀 아니 하고 오직 책 읽기에만 골몰하는 경지.

17   ☐☐☐☐ : 등불을 가까이할 만하다는 뜻으로, 서늘한 가을밤은 등불을 가까이 하여 글 읽기에 좋음을 이르는 말.

18   ☐☐☐☐ : 공자가 주역을 즐겨 읽어 책의 가죽끈이 세 번이나 끊어졌다는 뜻으로, 책을 열심히 읽음을 이르는 말.

☑ 맞힌 개수   (   ) / 18문항

☑ 복습할 어휘

▶▶ 본책 54쪽으로 돌아가서 복습할 수 있습니다.

01~05 빈칸에 들어갈 어휘를 〈보기〉에서 찾아 쓰시오.

〈보기〉

| 예측 | 일화 | 치유 | 타개 | 폐해 |

01 지금 당장 병을 □□하는 게 제일 먼저 할 일이다.

02 그는 경제적 어려움을 □□할 만한 방법을 찾지 못했다.

03 수질 오염의 심각한 □□로 주민들이 어려움을 겪고 있다.

04 어려움에 처한 사람을 도운 □□는 그의 됨됨이를 잘 보여 준다.

05 글의 내용을 □□하며 읽으면 글의 내용을 보다 깊이 있게 이해할 수 있다.

06~10 다음 뜻에 해당하는 어휘를 찾아 바르게 연결하시오.

06 일의 형세가 뒤바뀜. · · ㉠ 맥락

07 사물 따위가 서로 이어져 있는 관계나 연관. · · ㉡ 반전

08 어떤 일이나 행동에서 나타나는 옳지 못한 경향이나 해로운 현상. · · ㉢ 활성화

09 사회나 조직 등의 기능이 활발함. 또는 그러한 기능을 활발하게 함. · · ㉣ 배경지식

10 어떤 일을 하거나 연구할 때, 이미 머릿속에 들어 있거나 기본적으로 필요한 지식. · · ㉤ 폐단

11~13 다음 뜻에 해당하는 어휘를 고르시오.

11 피할 수 없다. (불가능하다 | 불가피하다)

12 물리쳐서 아주 없애 버림. (퇴보 | 퇴치)

13 배를 부리는 일을 직업으로 하는 사람. (사공 | 사원)

14~18 빈칸에 알맞은 어휘를 넣어 속담을 완성하시오.

14 기본이 되는 것보다 덧붙이는 것이 더 많거나 큰 경우를 비유적으로 이르는 말.

→ ☐보다 ☐☐이 더 크다

15 운수가 나쁜 사람은 보통 사람에게는 생기지도 않는 나쁜 일까지 생김을 비유적으로 이르는 말.

→ 안되는 사람은 ☐로 넘어져도 ☐가 깨진다

16 주관하는 사람 없이 여러 사람이 자기주장만 내세우면 일이 제대로 되기 어려움을 비유적으로 이르는 말.

→ ☐☐이 많으면 ☐가 ☐으로 간다

17 강한 자들끼리 싸우는 통에 아무 상관도 없는 약한 자가 중간에 끼어 피해를 입게 됨을 비유적으로 이르는 말.

→ ☐☐ 싸움에 ☐☐ 등 터진다

18 잘되리라고 믿고 있던 일이 어긋나거나 믿고 있던 사람이 배반하여 오히려 해를 입음을 비유적으로 이르는 말.

→ 믿는 ☐☐에 ☐☐ 찍힌다

🔲 맞힌 개수 ( ) / 18문항

☑ 복습할 어휘

▶▶ 본책 58쪽으로 돌아가서 복습할 수 있습니다.

01~04 빈칸에 들어갈 어휘를 〈보기〉에서 찾아 쓰시오.

보기

| 고유어 | 관념적 | 미봉책 | 한자어 |

01 ☐☐☐는 우리 민족 특유의 문화나 정서를 표현하는 말이다.

02 학교, 학생, 교사, 필통 등의 우리말 어휘는 ☐☐☐에 해당한다.

03 현실을 고려하지 않은 ☐☐☐ 판단으로는 현재의 문제를 해결하기 힘들다.

04 정부에서는 실업 문제를 해결하기 위해 대책을 내놓았지만 그것은 ☐☐☐에 불과했다.

05~09 다음 뜻에 해당하는 어휘를 고르시오.

05 인재를 뽑아서 씀. (등용 | 선발)

06 모조리 잡아 없앰. (멸종 | 박멸)

07 자기나 남의 잘못에 대하여 꾸짖어 책망함. (가책 | 실망)

08 감정 따위를 밖으로 드러내어 해소함. 또는 분위기 따위를 한껏 드러냄. (발산 | 수렴)

09 외국에서 들어와 우리말처럼 쓰이는 말. (외국어 | 외래어)

10~12 빈칸에 들어갈 어휘를 〈보기〉의 글자를 조합하여 쓰시오.

> 보기
>
> 수   임   멸   섬   렴   용

10 우리 언니는 요즘 (   ) 시험을 준비하느라 좀처럼 시간을 내지 못한다.

11 선생님께서는 우리들의 의견을 (   )하여 체험 학습 장소를 정하겠다고 하셨다.

12 나는 고전 소설에서 주인공이 뛰어난 재주로 적을 (   )하는 대목이 가장 재미있어.

13~15 빈칸에 들어갈 어휘를 〈보기〉에서 찾아 문맥에 맞게 쓰시오.

> 보기
>
> 소담스럽다   의연하다   함초롬하다

13 (   ) 담겨 있는 팥빙수를 보니 먹고 싶은 마음이 절로 들었다.

14 위기 상황에서 그가 보여 준 (   ) 태도는 우리들에게도 깨달음을 주었다.

15 이슬을 머금고 (   ) 피어 있는 코스모스의 모습에서 단정한 아름다움이 느껴진다.

16~18 다음 어휘의 뜻을 간략하게 쓰시오.

16 고식지계: _____

17 권모술수: _____

18 용두사미: _____

⬛ 맞힌 개수	( ) / 18문항
⬛ 복습할 어휘	

▶▶ 본책 66쪽으로 돌아가서 복습할 수 있습니다.

01~05 빈칸에 들어갈 어휘를 〈보기〉에서 찾아 문맥에 맞게 쓰시오.

〈보기〉

병약하다　　　수려하다　　　절묘하다　　　절박하다　　　촉박하다

01 산에 오르니 (　　　　　) 풍경이 한눈에 들어왔다.

02 우리 엄마는 음식의 간을 정말 (　　　　　) 잘 맞춘다.

03 나는 어릴 때는 (　　　　　), 자라면서 점점 건강해졌다.

04 그때는 아무나 붙들고 울고 싶을 만큼 (　　　　　) 심정이었다.

05 드라마 대본의 마감 날짜가 (　　　　　) 작가는 잠을 줄이며 원고를 집필했다.

06~10 다음 뜻에 해당하는 관용구를 찾아 바르게 연결하시오.

06 남의 말을 따라 움직이다.　　　　　　　　　　　　　•　　•㉠ 입만 살다

07 마음이 언짢거나 유감의 뜻을 나타내다.　　　　　•　　•㉡ 혀를 차다

08 말에 따르는 행동은 없으면서 말만 그럴듯하게 잘하다.　•　　•㉢ 입만 아프다

09 여러 번 말하여도 받아들이지 아니하여 말한 보람이 없다.　•　　•㉣ 혀끝에 놀아나다

10 하고 싶은 말이 있어도 하지 아니하거나 또는 못하게 되다.　•　　•㉤ 입 안에서 뱅뱅 돌다

11~16 빈칸에 들어갈 어휘를 쓰시오.

11 　　 : 문화나 사상 따위가 서로 통함.

12 　　 : 사회 현상이나 사상 따위가 맨 처음 생겨남. 또는 그런 것.

13 　　 : 마음에 차지 아니하여 섭섭하거나 불만스럽게 남아 있는 느낌.

14 　　　 : 여러 가지 색채나 형태, 종류 따위가 한데 어울리어 호화스럽다.

15 　　　 : 힘이 쇠하고 약하다.

16 　　　　 : 모양이 흉하고 괴상한 데가 있다.

17~18 빈칸에 알맞은 말을 넣어 개념에 대한 풀이를 완성하시오.

17 지역 방언: (　　　　　　)으로 떨어져 있어 오랜 시간이 흐르면서 지역에 따라 다르게 쓰는 말로, 그 지역 사람들의 정서가 담겨 있다.

18 사회 방언: (　　　　　　) 등에 따라 특징적으로 쓰는 말로, 이를 사용하여 대화를 나누면 집단 내 구성원들끼리 의사소통의 효율성을 높일 수 있다.

🔲 맞힌 개수 　　(　　　　) / 18문항

☑ 복습할 어휘

▶▶ 본책 70쪽으로 돌아가서 복습할 수 있습니다.

01~04 빈칸에 들어갈 어휘를 〈보기〉에서 찾아 문맥에 맞게 쓰시오.

〈보기〉

관여하다   난감하다   당면하다   생소하다

01 나는 도시에서 자라서 농사일이 (   ) 느껴졌다.

02 자신의 일에 (   ) 말았으면 좋겠다는 그의 말에 기분이 상했다.

03 친한 친구 둘이 싸우게 되어 내가 중간에서 (   ) 입장이 되었다.

04 앞으로의 일을 내다보고 계획을 세우는 것도 좋지만 우선은 (   ) 문제부터 해결하는 것이 중요하다.

05~09 다음 뜻에 해당하는 한자 성어를 〈보기〉에서 찾아 쓰시오.

〈보기〉

이구동성   이실직고   일언지하   자문자답   자화자찬

05 사실 그대로 고함. _____

06 스스로 묻고 스스로 대답함. _____

07 여러 사람의 말이 한결같음을 이르는 말. _____

08 자기가 한 일을 스스로 자랑함을 이르는 말. _____

09 한 마디로 잘라 말함. 또는 두말할 나위 없음. _____

10~13 다음 뜻에 해당하는 어휘를 고르시오.

10 누리어 가짐. (공유 | 향유)

11 어떤 일에 직접 나서서 관여하지 않고 곁에서 보기만 함. (방관 | 방치)

12 어떤 사회에서 오랫동안 지켜 내려와 그 사회 성원들이 널리 인정하는 질서나 풍습. (관례 | 관습)

13 어떤 처지나 상태에 부닥치다. (봉착하다 | 절박하다)

14~16 빈칸에 들어갈 어휘를 〈보기〉의 글자를 조합하여 쓰시오.

보기

| 감 | 개 | 치 | 동 | 생 | 방 | 입 |

14 해수욕장 주변에 ( )된 쓰레기에서 악취가 났다.

15 의성어와 의태어를 적절하게 활용하여 쓴 시라 그런지 ( )이 느껴진다.

16 부모가 자녀의 친구 관계에 함부로 ( )하는 것은 적절하지 않다고 생각한다.

17~18 다음 어휘의 뜻을 간략하게 쓰시오.

17 다의어: _____

18 동음이의어: _____

| 맞힌 개수 | ( ) / 18문항 |

복습할 어휘

▶▶ 본책 74쪽으로 돌아가서 복습할 수 있습니다.

01~06 **빈칸에 들어갈 어휘를 〈보기〉에서 찾아 쓰시오.**

보기

낙심 　　본질 　　허물 　　감수성 　　낙천적 　　부산물

01 중요한 것은 사물의 겉모습이 아니라 　　　이다.

02 옛날 노래는 요즘 노래보다 나의 　　　을 자극한다.

03 그녀는 　　　인 성격을 가지고 있어서 사람들에게 인기가 많다.

04 나는 산업화의 　　　이 빈부 격차라는 그의 견해에 동의하지 않는다.

05 이번 공모전에 떨어졌다고 　　하지 말고 더욱 노력하여 다음을 준비하자.

06 자기 자신을 돌아보지 않으면서 남의 　　만 나무라는 것은 바람직하지 않다.

07~10 **다음 설명에 해당하는 개념을 찾아 바르게 연결하시오.**

07 언어에서, 소리와 의미의 관계가 필연적이지 않은 특성. 　　　•　　　　　• ㉠ 자의성

08 인간이 한정된 단어를 가지고 무한히 많은 문장을 만들 수 있는 특성. •　　　　　• ㉡ 사회성

09 언어에서, 소리와 의미의 관계가 사회적으로 약속된 것이어서 개인이
마음대로 바꿀 수 없는 특성. 　　　•　　　　　• ㉢ 역사성

10 언어에서, 시간이 흐름에 따라 있던 말이 사라지거나 새로운 말이 생
기기도 하고, 소리와 의미가 변하기도 하는 특성. 　•　　　　　• ㉣ 창조성

11~12 다음 뜻에 해당하는 어휘를 고르시오.

11 자기의 이익보다는 다른 이의 이익을 더 꾀하는. 또는 그런 것. (이기적 | 이타적)

12 다른 곳으로 옮겨 가서 사는 사람. 또는 다른 지역에서 옮겨 와서 사는 사람. (이주민 | 원주민)

13~15 제시된 초성을 참고하여 빈칸에 들어갈 어휘를 쓰시오.

13 ㄴ ㄱ ㅈ : 그는 워낙 (ㅤㅤㅤㅤㅤ)이어서 좀처럼 절망하지 않는다.

14 ㅂ ㅌ ㅈ : 그의 태도는 (ㅤㅤㅤㅤㅤ)이어서 사람들에게 거부감을 느끼게 한다.

15 ㄴ ㄷ : 잘될 것이라고 기대했던 사업이 뜻대로 되지 않자 그는 (ㅤㅤㅤㅤㅤ)하였다.

16~18 빈칸에 알맞은 어휘를 넣어 속담을 완성하시오.

16 남에게 은혜를 입고서도 그 고마움을 모르고 생트집을 잡음을 이르는 말.
→ ☐에 빠진 놈 건져 놓으니까 내 ☐☐ 내라 한다

17 자기의 허물은 생각하지 않고 도리어 남의 허물만 나무라는 경우를 비유적으로 이르는 말.
→ ☐☐☐이 ☐☐더러 바스락거린다고 한다

18 능력이 있는 사람이나 능숙한 사람은 일을 하는 데 있어서 도구가 좋지 아니하더라도 잘한다는 말.
→ ☐ 잘 쓰는 사람은 ☐☐을 탓하지 않는다

▣ 맞힌 개수 (ㅤㅤㅤ) / 18문항

☑ 복습할 어휘

▶▶ 본책 78쪽으로 돌아가서 복습할 수 있습니다.

01~03 빈칸에 들어갈 어휘를 〈보기〉에서 찾아 쓰시오.

<보기>
감안　　숙고　　익살

01 그의 ☐☐에 한바탕 웃음꽃이 피어났다.

02 그가 바쁜 것을 ☐☐하여 휴가 계획을 짰다.

03 그 결정을 내리기까지 오랜 시간 ☐☐하였다.

04~09 빈칸에 들어갈 어휘를 쓰시오.

04 ☐☐: 단어를 성질이 공통된 것끼리 모아 갈래를 지어 놓은 것.

05 ☐☐: 문장에서 주로 동작이나 상태의 주체(누가/무엇이)가 되거나 동작의 대상(누구를/무엇을)이 되는 명사, 대명사, 수사를 통틀어 이르는 말.

06 ☐☐☐☐: 아주 짧은 말을 이르는 말.

07 ☐☐☐☐: 아무 근거 없이 널리 퍼진 소문.

08 ☐☐☐☐: 예사로운 말 속에 단단한 속뜻이 들어 있음을 이르는 말.

09 ☐☐☐☐: 귀가 솔깃하도록 남의 비위를 맞추거나 이로운 조건을 내세워 꾀는 말.

10~14 다음 뜻에 해당하는 어휘를 찾아 바르게 연결하시오.

10   사고 없이 평안하다.   •   • ㉠ 성기다

11   관계가 깊지 않고 서먹하다.   •   • ㉡ 긴밀하다

12   사물이나 현상이 서로 꼭 들어맞다.   •   • ㉢ 무고하다

13   서로의 관계가 매우 가까워 빈틈이 없다.   •   • ㉣ 무모하다

14   앞뒤를 잘 헤아려 깊이 생각하는 신중성이나 꾀가 없다. •   • ㉤ 부합하다

15~18 빈칸에 알맞은 말을 넣어 밑줄 친 어휘의 뜻을 완성하시오.

15   심사위원들은 <u>심사숙고</u>하여 당선작을 정했다.
     → 깊이 잘 (   )함.

16   그 사람은 법정에서 끝까지 자신이 <u>무고하다</u>고 주장하였다.
     → 아무런 (   )이나 허물이 없다.

17   학생들 사이에서도 스마트폰 사용자가 <u>기하급수적</u>으로 늘어나고 있다.
     → (   )하는 수나 양이 아주 많은. 또는 그런 것.

18   짧게 해도 될 이야기를 <u>중언부언</u> 늘어놓아 무슨 말을 들었는지 잘 기억이 나지 않는다.
     → 이미 한 말을 자꾸 (   )함. 또는 그런 말.

☑ 맞힌 개수	( ) / 18문항
☑ 복습할 어휘	

▶▶ 본책 82쪽으로 돌아가서 복습할 수 있습니다.

01~04 빈칸에 들어갈 어휘를 〈보기〉에서 찾아 쓰시오.

보기

분간   선별   위신   절개

01   삼촌은 자연산 넙치와 양식 넙치를 ☐☐할 수 있다.

02   수확한 사과 중 흠집이 없는 것만을 ☐☐하여 고객에게 판매한다.

03   그는 나라가 망해 가는 상황에서도 ☐☐를 굽히지 않고 나라에 충성했다.

04   일부 공무원이 뇌물을 받은 것이 드러나면서 공무원의 ☐☐이 떨어지게 되었다.

05~09 다음 뜻에 해당하는 관용구를 〈보기〉에서 찾아 쓰시오.

보기

코가 꿰이다   코가 빠지다   코가 납작해지다   코빼기도 못 보다   콧등이 시큰하다

05   약점이 잡히다.   _____

06   근심에 싸여 기가 죽고 맥이 빠지다.   _____

07   몹시 무안을 당하거나 기가 죽어 위신이 뚝 떨어지다.   _____

08   어떤 일에 감격하거나 슬퍼서 눈물이 나오려 하다.   _____

09   도무지 나타나지 않아 전혀 볼 수 없음을 낮잡아 이르는 말.   _____

10~12 빈칸에 들어갈 어휘를 〈보기〉에서 찾아 문맥에 맞게 쓰시오.

┌─────────── 보기 ───────────┐
결연하다   기이하다   숙연하다
└────────────────────────────┘

10 (   ) 모양의 암석들이 모여 장관을 연출하고 있었다.

11 그는 나라를 위해 목숨을 바친 선열의 무덤 앞에서 (   ) 태도를 보였다.

12 일제의 감시를 피해 독립을 모의하던 그들의 눈빛에서 (   ) 의지가 느껴졌다.

13~16 다음 뜻에 해당하는 어휘를 찾아 바르게 연결하시오.

13 끝이 없고 다함이 없음.   • ㉠ 판별

14 조금씩 앞으로 나아가는. 또는 그런 것.   • ㉡ 급진적

15 변화나 발전의 속도가 급하게 이루어지는. 또는 그런 것.   •   • ㉢ 점진적

16 옳고 그름이나 좋고 나쁨을 판단하여 구별함. 또는 그런 구별. •   • ㉣ 무궁무진

17~18 다음 빈칸에 알맞은 말을 넣어 어휘의 뜻을 완성하시오.

17 용언: 문장에서 주로 서술하는 역할을 하는 (   )를 통틀어 이르는 말.

18 활용: 용언의 어간에 여러 어미가 결합하여 말의 (   )가 변하는 것.

┌──┐
│ 맞힌 개수   (   ) / 18문항   │
├──┤
│ 복습할 어휘   │
└──┘

▶▶ 본책 86쪽으로 돌아가서 복습할 수 있습니다.

01~04 다음 뜻에 해당하는 한자 성어를 〈보기〉에서 찾아 쓰시오.

〈보기〉

개과천선   괄목상대   일취월장   환골탈태

01 나날이 다달이 자라거나 발전함. _____

02 지난날의 잘못이나 허물을 고쳐 올바르고 착하게 됨. _____

03 남의 학식이나 재주가 놀랄 만큼 부쩍 늘을 이르는 말. _____

04 사람이 보다 나은 방향으로 변하여 전혀 딴사람처럼 됨. _____

05~07 빈칸에 들어갈 어휘를 쓰시오.

05 ☐☐: 잘못을 캐묻고 꾸짖음.

06 ☐☐: 한곳을 중심으로 하여 모임. 또는 그렇게 모음.

07 ☐☐하다: 시간, 힘, 정열 따위를 헛되이 다 써 버리다.

08~10 빈칸에 들어갈 어휘를 〈보기〉의 글자를 조합하여 쓰시오.

〈보기〉

| 기 | 관 | 념 | 포 | 괄 |
| 무 | 력 | 정 | 적 | 고 |

08 실패는 성공의 어머니라는 말도 있잖아. 한 번의 실패로 (   )에 빠지지 마.

09 정부에서는 교통 문제를 해결하기 위해 (   )인 교통 대책을 마련하고자 하였다.

10 (   )에서 벗어나지 않고 기존의 생각만을 고집한다면 결코 변화할 수 없을 것이다.

11~15 빈칸에 들어갈 어휘를 〈보기〉에서 찾아 쓰시오.

┌────────────────── 보기 ──────────────────┐
│   분산   산재   역량   질책   함유   │
└──┘

11 딸기 우유는 딸기 과즙을 □□하고 있다.

12 그녀는 지도자로서 충분한 □□을 가지고 있다.

13 그는 곳곳에 □□되어 있는 왕실의 유물을 수집하였다.

14 자녀가 잘못했을 때는 호되게 □□을 하는 것도 필요하다고 생각한다.

15 국가 기관을 여러 지역에 □□하여 배치하면 서울로 인구가 집중되는 현상을 막을 수 있다.

16~18 빈칸에 알맞은 말을 넣어 어휘의 뜻을 완성하시오.

16 관계언: 문장에 쓰인 단어들의 관계를 나타내는 기능을 하는 (   )를 이르는 말.

17 수식언: 뒤에 오는 말을 수식하거나 한정하기 위하여 첨가하는 (   ), (   )를 통틀어 이르는 말.

18 독립언: 말하는 사람의 놀람, 느낌, 부름이나 응답 등을 나타내며 (   )으로 쓰이는 말로, (   )가 이에 해당함.

┌──┐
│ 🔲 맞힌 개수   (   ) / 18문항   │
├──┤
│ ☑ 복습할 어휘   │
└──┘

▶▶ 본책 94쪽으로 돌아가서 복습할 수 있습니다.

01~04 빈칸에 들어갈 어휘를 〈보기〉에서 찾아 쓰시오.

보기

관점   대의   변론   전제

01 약속은 당사자들끼리 지킬 것을 □□로 성립한다.

02 대상에 대한 □□이 서로 다르면 판단의 결과도 달라진다.

03 그 사람은 아주 유명한 변호사에게 자신의 □□을 부탁하였다.

04 우리는 자신의 이익을 위해 □□를 저버린 그를 결코 용서하지 않을 것이다.

05~09 다음 뜻에 해당하는 속담을 찾아 바르게 연결하시오.

05 마땅히 해야 할 말은 해야 한다는 말.   • ㉠ 말만 귀양 보낸다

06 말은 퍼질수록 보태어지고, 물건은 옮겨 갈수록 줄   • ㉡ 군말이 많으면 쓸 말이
어든다는 말.   적다

07 말을 하여도 상대편의 반응이 없으므로, 기껏 한 말   • ㉢ 말은 할수록 늘고 되질은
이 소용없게 되는 경우를 이르는 말.   할수록 준다

08 하지 않아도 될 말을 이것저것 많이 늘어놓으면 그   • ㉣ 말은 해야 맛이고 고기는
만큼 쓸 말은 적어진다는 뜻으로, 말을 삼가라는 말.   씹어야 맛이다

09 가루는 체에 칠수록 고와지지만 말은 길어질수록 시   • ㉤ 가루는 칠수록 고와지고
비가 붙을 수 있고 마침내는 말다툼까지 가게 되니 말•   말은 할수록 거칠어진다
을 삼가라는 말.

10~11 다음 뜻에 해당하는 어휘를 고르시오.

10 사물을 분별하고 판단하여 앎.   (인식 | 의식)

11 사람의 생각으로는 미루어 헤아릴 수 없이 이상하고 야릇함.   (불가항력 | 불가사의)

12~15 제시된 초성을 참고하여 다음 뜻에 해당하는 어휘를 쓰시오.

12 ㅌ ㄷ ㅅ : 사물의 이치에 맞는 옳은 성질.   _____

13 ㅈ ㅈ : 추리를 할 때, 결론의 기초가 되는 판단.   _____

14 ㅅ ㄱ : 사물을 관찰하고 파악하는 기본적인 자세.   _____

15 ㅂ ㅎ : 남의 이익을 위하여 변명하고 감싸서 도와줌.   _____

16~18 빈칸에 알맞은 말을 넣어 어휘의 뜻을 완성하시오.

16 실효성: 실제로 (   )를 나타내는 성질.

17 의사소통: 가지고 있는 (   )이나 뜻이 서로 통함.

18 토의: (   )의 문제를 해결하기 위해 여러 사람들이 의견을 모아 보다 더 나은 해결 방안
을 찾는 (   ) 말하기.

🔲 맞힌 개수	( ) / 18문항
☑ 복습할 어휘	

▶▶ 본책 98쪽으로 돌아가서 복습할 수 있습니다.

01~04 제시된 초성과 뜻을 참고하여 빈칸에 들어갈 어휘를 쓰시오.

01 ㄷㄷ하다: 도탑고 성실하다.

예 스승님은 우리들이 앞으로도 (   )한 관계를 유지하기를 소망하셨다.

02 ㄷㅇ하다: 어떤 일이나 사태에 맞추어 태도나 행동을 취하다.

예 배우 ○○○는 유언비어를 유포한 네티즌에게 법적으로 (   )하겠다고 말했다.

03 ㅈㅅㅎ: 위험한 상태에 있음을 알려 주는 각종 조짐을 비유적으로 이르는 말.

예 지난달 수출량이 감소한 것은 우리 경제의 (   )이다.

04 ㄱㄱ: 남의 감정, 의견, 주장 따위에 대하여 자기도 그렇다고 느낌. 또는 그렇게 느끼는 기분.

예 그와 비슷한 경험이 있어서 그의 마음에 (   )이 되었다.

05~09 다음 뜻에 해당하는 한자 성어를 〈보기〉에서 찾아 쓰시오.

─── 보기 ───

마이동풍   설왕설래   유구무언   청산유수   호언장담

05 호기롭고 자신 있게 말함. 또는 그 말.

_____

06 변명할 말이 없거나 변명을 못함을 이르는 말.

_____

07 막힘없이 썩 잘하는 말을 비유적으로 이르는 말.

_____

08 서로 변론을 주고받으며 옥신각신함. 또는 말이 오고 감.

_____

09 남의 말을 귀담아듣지 아니하고 지나쳐 흘려버림을 이르는 말.

_____

10~12 빈칸에 들어갈 어휘를 〈보기〉에서 찾아 문맥에 맞게 쓰시오.

보기

도탑다   대처하다   심오하다

10 그들은 어렸을 때부터 알고 지내며 (   ) 사이를 유지해 왔다.

11 그 책은 (   ) 내용을 다루고 있어서 한 번 읽어서는 내용을 잘 알 수 없었다.

12 어린이들은 위기에 (   ) 능력이 부족하기 때문에 어른들이 보호해 주어야 한다.

13~15 빈칸에 들어갈 어휘를 쓰시오.

13 ☐☐☐☐ : 남의 신상에 관한 일을 들어 비난함.

14 ☐☐☐ : 어떤 일이 앞으로 잘되어 나갈 것을 보여 주는 징조를 비유적으로 이르는 말.

15 ☐☐☐☐ : 위협적이고 저속한 말이나 욕설 따위를 함부로 하여 상대방에게 두려움이나 불쾌감을 주는 일.

16~18 다음 어휘의 뜻을 간략하게 쓰시오.

16 경청: _____

17 성찰: _____

18 촌철살인: _____

🔲 맞힌 개수   (   ) / 18문항

☑ 복습할 어휘

▶▶ 본책 102쪽으로 돌아가서 복습할 수 있습니다.

01~04 빈칸에 들어갈 어휘를 〈보기〉에서 찾아 문맥에 맞게 쓰시오.

> **보기**
>
> 기구하다   암울하다   음미하다   일관하다

01 그때 얻은 교훈을 다시 한번 (   ) 보았다.

02 (   ) 시대 상황 속에서도 희망을 잃지 않는 사람들이 있었다.

03 그 사람은 범죄 현장을 목격했음에도 모르쇠로 (   ) 수사에 협조하지 않았다.

04 전쟁 통에 가족과 헤어져 힘들게 살아오신 할아버지의 (   ) 운명을 생각하면 눈물이 난다.

05~10 다음 뜻에 해당하는 관용구를 찾아 바르게 연결하시오.

05 말을 알아듣게 되다.   •   •㉠ 귀가 얇다

06 같은 말을 여러 번 듣다.   •   •㉡ 귀가 가렵다

07 남의 말을 쉽게 받아들인다.   •   •㉢ 귀가 뚫리다

08 남이 제 말을 한다고 느끼다.   •   •㉣ 귀를 의심하다

09 남의 말을 성의 있게 듣지 않고 듣는 둥 마는 둥 하다.   •   •㉤ 귀 밖으로 듣다

10 믿기 어려운 얘기를 들어 잘못 들은 것이 아닌가 생각하다. •   •㉥ 귀에 못이 박히다

11~16 **빈칸에 들어갈 어휘를 쓰시오.**

11 ☐☐☐ : 일정한 지역에 한정된. 또는 그런 것.

12 ☐☐ : 상대를 압도할 만큼 강력함. 또는 그런 힘.

13 ☐☐ : 일이 순조롭게 나아가는 것을 방해하는 조건.

14 ☐☐☐ : 전체 가운데 한 부분에 관계되는. 또는 그런 것.

15 ☐☐☐ : 영리를 목적으로 하지 않고 공공의 이익을 도모하는 성질.

16 ☐☐ : 특정한 목적을 위해서 서로 만나 의견을 나누거나 묻고 대답하는 일.

17~18 **다음 어휘의 뜻을 간략하게 쓰시오.**

17 엄수: _____

18 암담하다: _____

맞힌 개수	( ) / 18문항
복습할 어휘	

▶▶ 본책 106쪽으로 돌아가서 복습할 수 있습니다.

01~05 빈칸에 들어갈 어휘를 〈보기〉를 찾아 쓰시오.

보기

권장   도입   오류   조장   표제

01 작업을 마친 후 [   ]가 없는지 꼼꼼히 살폈다.

02 농기계를 새로 [   ]하여 농촌의 일손을 덜어 주었다.

03 텔레비전 광고는 불필요한 소비를 [   ]한다는 문제점이 있다.

04 에너지 절약을 위해 에어컨과 함께 선풍기를 사용할 것을 [   ]하였다.

05 기사문의 [   ]는 독자들이 기사의 주요 내용을 파악할 수 있도록 지어야 한다.

06~09 빈칸에 들어갈 어휘를 쓰시오.

06 [   ]: 간결하게 추려 낸 주요 내용. 글쓰기에서 각 단락의 중심 내용과 세부 내용을 작성하는 데 바탕이 되는 뼈대.

07 [   ]: 글을 이루는 내용들이 하나의 주제를 향하여 서로 긴밀하게 연결되어 있는 것.

08 [   ]: 생물체처럼 전체를 구성하고 있는 각 부분이 서로 밀접하게 관련을 가지고 있어서 떼어 낼 수 없는. 또는 그런 것.

09 [   ]: 역사 기사, 보도 기사 따위의 문장을 쓸 때에 지켜야 하는 기본적인 원칙. '누가, 언제, 어디서, 무엇을, 어떻게, 왜'의 여섯 가지를 이른다.

10~12 제시된 초성을 참고하여 다음 뜻에 해당하는 어휘를 쓰시오.

10 ㅂㅁㅎㄷ : 가리지 아니하다. _____

11 ㅁㄹㅎㄷ : 이것저것 따지고 가려 말하지 아니하다. _____

12 ㅋㅋㅁㄷ : 일, 지식 따위가 아주 오래되어 시대에 뒤떨어진 데가 있다.

_____

13~16 다음 뜻에 해당하는 한자 성어를 찾아 바르게 연결하시오.

13 확실한 방법을 모르는 채 일의 실마리를 찾아내려 함을
이르는 말. •

• ㉠ 발본색원

14 어지럽게 뒤얽힌 사물을 강력한 힘으로 명쾌하게 처리
함을 이르는 말. •

• ㉡ 암중모색

15 무슨 일을 하는 데에 가장 중요한 부분을 완성함을 비유
적으로 이르는 말. •

• ㉢ 쾌도난마

16 좋지 않은 일의 근본 원인이 되는 요소를 완전히 없애
버려서 다시는 그러한 일이 생길 수 없게 함. •

• ㉣ 화룡점정

17~18 다음 어휘의 뜻을 간략하게 쓰시오.

17 결자해지: _____

18 진부하다: _____

🔲 맞힌 개수	(	) / 18문항
☑ 복습할 어휘		

▶▶ 본책 110쪽으로 돌아가서 복습할 수 있습니다.

01~06 제시된 초성과 뜻을 참고하여 빈칸에 들어갈 어휘를 쓰시오.

01　ㅇㅈ 하다: 몹시 애처롭고 슬프다.
　　　예 그 사람의 목소리는 밝은 노래보다 (　　　　　)한 노래에 잘 어울린다.

02　ㅎㄴ : 트집을 잡아 거북할 만큼 따지고 듦.
　　　예 모둠 활동을 할 때에는 구성원이 실수를 하더라도 (　　　　)해서는 안 된다.

03　ㅊㅎㅅㅈ : 현실을 넘어서는. 또는 그런 것.
　　　예 이 영화는 컴퓨터 그래픽을 통해 (　　　　) 세계를 표현했다.

04　ㅇㄷㄱ : 서로 밀접하게 연결되어 있는 공통된 느낌.
　　　예 우리는 함께 어려움을 겪으며 (　　　　)을 느꼈다.

05　ㅇㅎ 하다: 전염병이 널리 퍼져 돌아다니다.
　　　예 여름에는 전염성 질환이 (　　　　)하니 개인 위생 관리에 신경 써야 한다.

06　ㅈㅂㅈ : 남이 시키거나 요청하지 아니하여도 자기 스스로 나아가 행하는. 또는 그런 것.
　　　예 봉사자들은 산불 피해 주민들을 돕기 위해 (　　　　)으로 우리 고장을 찾아왔다.

07~08 밑줄 친 어휘의 뜻을 〈보기〉에서 찾아 번호를 쓰시오.

〈보기〉
① 문장 따위를 줄여 짧게 함.
② 임금으로서 나라를 거느려 다스림.
③ 물질 따위에 압력을 가하여 그 부피를 줄임.
④ 어떤 분야에서 절대적인 세력을 가지고 남을 압도함을 비유적으로 이르는 말.

07　그는 오랫동안 농구계의 황태자로 군림하였다.
　　　　　　　　　　　　(　　　　　)

08　나는 오늘 발표할 내용을 서너 가지로 압축하였다.
　　　　　　　　　　　　(　　　　　)

09~10 다음 뜻에 해당하는 어휘를 고르시오.

09 다른 것에 이끌리지 아니하고 스스로 일으키거나 움직이는. 또는 그런 것.   (능동적 | 수동적)

10 전염병이나 나쁜 현상이 널리 퍼지다.   (만연하다 | 확산되다)

11~13 빈칸에 들어갈 어휘를 쓰시오.

11 ☐☐☐☐ : 가엾고 불쌍하여 마음이 슬프다.

12 ☐☐ : 생각과 느낌을 전달하고 공유하는 수단.

13 ☐☐☐☐ : 영상을 통해 어떤 내용을 표현하고 전달할 때 사용하는 기본적인 수단.

14~18 다음 뜻에 해당하는 속담을 찾아 바르게 연결하시오.

14 수단이나 방법은 어찌 되었든 간에 목적만 이루면 된다는 말.   • ㉠ 지성이면 감천

15 아무리 어려운 경우에 처하더라도 살아 나갈 방도가 생긴다는 말.   • ㉡ 구렁이 담 넘어가듯

16 아무리 위급한 경우를 당하더라도 정신만 똑똑히 차리면 위기를 벗어날 수가 있다는 말.   • ㉢ 모로 가도 서울만 가면 된다

17 무슨 일에든 정성을 다하면 아주 어려운 일도 순조롭게 풀리어 좋은 결과를 맺는다는 말.   • ㉣ 하늘이 무너져도 솟아날 구멍이 있다

18 일을 분명하고 깔끔하게 처리하지 않고 슬그머니 얼버무려 버림을 비유적으로 이르는 말.   • ㉤ 호랑이에게 물려 가도 정신만 차리면 산다

🇶 맞힌 개수   (   ) / 18문항

☑ 복습할 어휘

▶▶ 본책 114쪽으로 돌아가서 복습할 수 있습니다.

정답과 해설

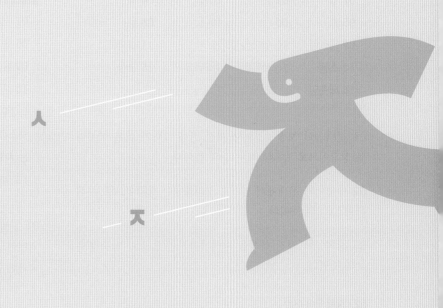

01 암시	02 유희	03 계승	04 수어지교
05 청량하다	06 건장하다	07 죽마고우	08 지란지교
09 공교롭다	10 관포지교	11 막역지우	12 푸념
13 형상화	14 ×	15 ○	16 ×

10 '관포지교'는 중국 춘추 시대 제나라의 정치가였던 관중과 포숙아의 관계에서 나온 한자 성어로, 우정이 아주 돈독한 친구 관계를 이르는 말이다.

12 시간이 너무 늦어 곧 차가 끊기겠다고 불평하고 있으므로 '마음속에 품은 불평을 늘어놓음. 또는 그런 말'을 의미하는 '푸념'이 적절하다.

13 자신이 꿈꾸는 이상적인 세계를 그림에 구체적이고 명확하게 나타냈다는 의미이므로 형체로는 분명히 나타나 있지 않은 것을 어떤 방법이나 매체를 통하여 구체적이고 명확한 형상으로 나타냄을 의미하는 '형상화'가 적절하다.

14 시어는 일반적으로 한 단어로 나타낸다. 두 단어 이상으로 이루어진 것은 '시구'이다.

16 화자는 시인과 일치할 수도 있고, 일치하지 않을 수도 있다. 또한 시에 직접적으로 드러날 수도 있고 드러나지 않을 수도 있다.

04 전교 회장의 공약이 구체적이라는 내용이 나오므로 '추상적'은 ④의 뜻이다.

09 나뭇잎이 흩날리는 늦가을의 정경이므로 분위기 따위가 을씨년스럽고 썰렁하다는 의미의 '음산하다'를 활용한 '음산한'이 적절하다.

10 고민하고 있다는 내용으로 보아 뜻이 매우 깊다는 의미의 '의미심장하다'를 활용한 '의미심장하게'가 적절하다.

11 자신의 실력을 마음껏 보여 주고 있는 상황이므로 자랑하여 보인다는 의미의 '과시하다'를 활용한 '과시하고'가 적절하다.

12 '네'가 한 이번 일이 괘씸해서 용서할 수 없다고 하였으므로 이미 해 놓은 일이나 짓을 의미하는 '소행'이 어울린다. '소임'은 맡은 바 직책이나 임무를 뜻한다.

13 고향 마을이 눈앞에 생생하게 떠올랐다고 하였으므로 '실제로 보는 것같이 생생하게'라는 뜻의 '선연히'가 어울린다. '공교롭게'는 '생각지 않았거나 뜻하지 않았던 사실이나 사건과 우연히 마주치게 된 것이 이상하고 묘하다고 할 만하게'라는 의미이다.

15 원관념은 표현하고자 하는 대상이므로 제시된 시구에서는 '교실'이 원관념이고, '장미밭'이 보조 관념이다.

16 보조 관념은 빗대어 표현한 대상이므로 제시된 시구에서는 '배춧잎'이 보조 관념이고, '발소리'가 원관념이다.

01 ②	02 ①	03 ③	04 ④
05 ㉣	06 ㉠	07 ㉡	08 ㉢
09 음산한	10 의미심장하게		11 과시하고
12 소행	13 선연히	14 비유	15 교실
16 배춧잎			

01 선녀들이 보잘것없이 느껴질 만큼 그녀가 매우 아름다운 상황이므로 '무색하게'는 ②의 뜻이다.

02 수빈이가 무대에서 넘어져 창피해하는 상황이므로 '무색하여'는 ①의 뜻이다.

03 시의 두드러진 특색을 이야기하고 있으므로 '함축적'은 ③의 뜻이다.

| 01 거처 | 02 이변 | 03 문인 | 04 혹평 |
| 05 ③ | 06 ① | 07 ② | 08 ④ |

09 유용하다, 예시 답안 이 책은 어린아이들에게 유용하다.

10 생경하다, 예시 답안 나는 그에 대해서 아직까지 생경한 느낌이 있다. **11** 청승맞다, 예시 답안 어디선가 청승맞은 노랫소리가 들려왔다. **12** 다독이다, 예시 답안 어머니는 시험 성적이 떨어진 나를 다독여 주셨다.

13 의인법 **14** 직유법 **15** 은유법

01 난방이 되지 않아 여름에만 자리를 잡고 살 수 있다는 의미이므로 '일정하게 자리를 잡고 사는 일. 또는 그 장소'를 뜻하는 '거처'가 적절하다.

02 한여름에 눈이 내리는 것은 이제껏 없었던 현상이므로 예상하지 못한 사태나 괴상한 변고를 뜻하는 '이변'이 적절하다.

03 글쓰기를 좋아해서 갖게 된 꿈이므로 문필에 종사하는 사람을 뜻하는 '문인'이 적절하다.

04 기대에 못 미치는 작품이라고 평가했다고 하였으므로 몹시 모질고 혹독하게 평가한다는 뜻의 '혹평'이 적절하다.

13 '갈잎'을 사람에 빗대어 노래한다고 하였으므로 의인법이 쓰였다.

14 '검정 양말'을 '처럼'이라는 연결어로 결합하여 '살 껍질'에 빗대었으므로 직유법이 쓰였다.

15 '구름'을 연결어 없이 '한 다발 장미'에 빗대었으므로 은유법이 쓰였다.

04회 **확인 문제**   24~25쪽

01 ②	02 ①	03 ⑤	04 ④
05 ③	06 까마득하게	07 황폐한	08 노쇠한
09 많다	10 묘하다	11 부끄러움, 붉어짐	
12 무료	13 인기척	14 ×	15 ○
16 ×			

06 수평선 끝에 섬이 작게 보이는 상황이므로 거리가 매우 멀어 보이는 것이나 들리는 것이 희미하다는 뜻의 '까마득하다'를 활용한 '까마득하게'가 적절하다.

07 따뜻한 말 한마디가 감동을 일으킬 만한 마음의 상태이므로 정신이나 생활 따위가 거칠어지고 메말라 간다는 뜻의 '황폐하다'를 활용한 '황폐한'이 적절하다.

08 보통 할아버지의 몸은 늙어서 기운이 없으므로 늙어서 쇠약하고 기운이 별로 없다는 뜻의 '노쇠하다'를 활용한 '노쇠한'이 적절하다.

14 상징은 추상적인 것을 구체적인 사물로 나타내는 표현 방식이다.

16 시조는 자유시가 아니라 일정한 형식을 지켜야 하는 정형시이다.

05회 **확인 문제**   28~29쪽

01~05 해설 참조	06 ⓒ	07 ②
08 ⓛ	09 ⓙ	10 첩첩산중 11 시비
12 과유불급	13 교각살우	14 갈등, 대립
15 내적(외적), 외적(내적)	16 발단, 절정	

01~05

01허	02구	성		03견
	성			물
				생
			04회	심
05소	탐	대	실	
설				

15 갈등에는 한 인물의 마음속에서 일어나는 내적 갈등과 인물과 그 인물을 둘러싼 외부 환경(다른 인물, 사회, 자연, 운명 등) 사이에서 일어나는 외적 갈등이 있다.

16 소설은 일반적으로 인물과 배경이 소개되고 사건의 실마리가 드러나는 발단, 갈등과 대립이 시작하는 전개, 갈등이 심화되는 위기, 갈등이 최고조에 이르는 절정, 갈등이 해결되는 결말의 5단 구성으로 이루어진다.

06회 **확인 문제**   32~33쪽

01~05 해설 참조	06 ③	07 ②
08 ④	09 ①	10 5 11 1
12 4	13 반동	14 사건 15 배경

01~05

계	유	용	소	탐	대	실
승	암	01비	수	당	부	03결
시	개	념	02자	형	상	박
애	인	기	척	초	황	당
독	05슬	사	건	04박	지	부
창	배	하	탈	속	비	종
적	경	감	경	어	지	판

13 소설 속의 인물은 일정한 상황에서 어떤 역할을 하는 사람으로, 주제를 드러내는 주동 인물과 주제와 반대되는 모습을 보이는 반동 인물로 나뉜다.

01 '생경하다'는 익숙하지 않아 어색하다는 뜻이다.

02 '무색하다'는 겸연쩍고 부끄럽다는 뜻과 본래의 특색을 드러내지 못하고 보잘것없다는 뜻을 지닌다. 〈보기〉의 예문은 꽃이 많아 화원이 보잘것없이 느껴지는 상황이므로 이때의 '무색하다'는 본래의 특색을 드러내지 못하고 보잘것없다는 뜻이다.
[오답 확인]
① '무색(無色)하다'의 뜻으로, 제시된 어휘와 소리는 같지만 뜻이 다르다.
③ '무안하다'의 뜻이다.
④ '볼품없다'의 뜻이다.

03 첫 번째 문장에서 '독창적'은 '다른 것을 모방함이 없이 새로운 것을 처음으로 만들어 내거나 생각해 내는. 또는 그런 것'을 의미하고, '추상적'은 '어떤 사물이 직접 경험하거나 지각할 수 있는 일정한 형태와 성질을 갖추고 있지 않은. 또는 그런 것'을 의미하며, '함축적'은 '말이나 글이 어떤 뜻을 속에 담고 있는. 또는 그런 것'을 의미한다. 제시된 예문에서 다른 사람과 구별되는 시각이라는 내용으로 보아, '독창적'이 어울린다. 두 번째 문장에서는 선생님의 말씀이 내게 의미가 있었음을 말하고 있으므로 뜻이 매우 깊다는 의미의 '의미심장하게'가 어울린다. '까마득하게'는 '시간이 아주 오래되어 기억이 희미하게'라는 뜻이고, '미묘하게'는 '뚜렷하지 않고 야릇하고 묘하게'라는 뜻이다.

04 돈을 본 순간 손이 갔다는 표현으로 보아, 어떠한 실물을 보게 되면 그것을 가지고 싶은 욕심이 생긴다는 의미의 '견물생심'이 적절하다. '과유불급'은 정도를 지나침은 미치지 못함과 같다는 뜻으로, 중용이 중요함을 이르는 말이다.
[오답 확인]
① 오매불망: 자나 깨나 잊지 못함.
③ 죽마고우: 대말을 타고 놀던 벗이라는 뜻으로, 어릴 때부터 같이 놀며 자란 벗

④ 일편단심: 한 조각의 붉은 마음이라는 뜻으로, 진심에서 우러나오는 변치 아니하는 마음을 이르는 말
⑤ 소탐대실: 작은 것을 탐하다가 큰 것을 잃음.

05 대학생이 된 아들이 모든 일을 혼자 결정하려고 한다고 하였으므로 빈칸에는 어른처럼 생각하거나 판단하게 되었다는 의미의 '머리가 굵다'가 적절하다.
[오답 확인]
② 머리가 굳다: 사고방식이나 사상 따위가 완고하다. 기억력 따위가 무디다.
③ 머리가 비다: 지각이나 소견이 없다.
④ 머리를 맞대다: 어떤 일을 의논하거나 결정하기 위하여 서로 마주 대하다.
⑤ 머리 위에 앉다: 상대방의 생각이나 행동을 꿰뚫다. 잘난 체하며 남을 업신여기다.

06 '형상화'는 형체로는 분명히 나타나 있지 않은 것을 어떤 방법이나 매체를 통하여 구체적이고 명확한 형상으로 나타내는 것을 의미하므로, 형상화를 통해 예술 작품의 이해가 어려워지는 것은 아니다.
[오답 확인]
① 청승맞다: 궁상스럽고 처량하여 보기에 몹시 언짢다.
② 황폐하다: 집, 토지, 삼림 따위가 거칠어져 못 쓰게 되다.
③ 선연히: 실제로 보는 것같이 생생하게
④ 공교롭다: 생각지 않았거나 뜻하지 않았던 사실이나 사건과 우연히 마주치게 된 것이 이상하고 묘하다고 할 만하다.

➕ 2017학년도 수능

■ ⓐ~ⓔ를 사용하여 만든 문장으로 적절하지 않은 것은?

보험은 같은 위험을 보유한 다수인이 위험 공동체를 형성하여 보험료를 납부하고 보험 사고가 발생하면 보험금을 지급받는 제도이다. 보험 상품을 구입한 사람은 우연한 사고로 인한 경제적 손실에 ⓐ대비할 수 있다. … 그런데 보험 가입자들이 자신이 가진 위험의 정도에 대해 진실한 정보를 알려 주지 않는 한, 보험사는 보험 가입자 개개인이 가진 위험의 정도를 정확히 ⓑ파악하여 거기에 상응하는 보험료를 책정하기 어렵다. … 보험사는 이를 보전하기 위해 구성원이 납부해야 할 보험료를 ⓒ인상할 수밖에 없다. … 계약 당시에 보험사가 고지 의무 위반에 대한 사실을 알았거나 중대한 과실로 인해 알지 못한 경우에는 보험 가입자가 고지 의무를 위반했어도 보험사의 해지권은 ⓓ배제된다. … 보험에서 고지 의무는 보험에 가입하려는 사람의 특성을 검증함으로써 다른 가입자에게 보험료가 부당하게 ⓔ전가되는 것을 막는 기능을 한다. …

① ⓐ: 지난해의 이익과 손실을 대비해 올해 예산을 세웠다.
② ⓑ: 일을 시작하기 전에 상황을 파악하는 것이 중요하다.

③ ⓒ: 임금이 인상되었다는 소식에 많은 사람들이 기뻐했다.

④ ⓓ: 이번 실험이 실패할 가능성을 전혀 배제할 수는 없다.

⑤ ⓔ: 그는 자신의 실수에 대한 책임을 동료에게 전가했다.

▶ '경제적 손실에 대비하다.'에서 '대비'는 앞으로 일어날지도 모르는 어떠한 일에 대응하기 위하여 미리 준비한다는 의미를 지니고 있고, '이익과 손실을 대비하다.'에서 '대비'는 두 가지의 차이를 밝히기 위하여 서로 맞대어 비교한다는 의미를 지니고 있다.　　　　　　　　　　　　　　　**정답 ①**

② 파악: 어떤 대상의 내용이나 본질을 확실하게 이해하여 앎.
③ 인상: 물건값, 봉급, 요금 따위를 올림.
④ 배제: 받아들이지 아니하고 물리쳐 제외함.
⑤ 전가: 잘못이나 책임을 다른 사람에게 넘겨씌움.

07 '벼 이삭은 익을수록 고개를 숙인다'는 교양이 있고 수양을 쌓은 사람일수록 겸손하고 남 앞에서 자기를 내세우려 하지 않는다는 것을 비유적으로 이르는 말이다. ⑤의 덕망이 높아서 동아리 회원 수가 부쩍 늘었다는 내용과 어울리는 속담은 자기에게 덕망이 있어야 사람들이 따르게 됨을 비유적으로 이르는 말인 '물이 깊어야 고기가 모인다'이다.

[오답 확인]
① 보는 눈이 있다: 사람이나 일 따위를 평가하는 능력이 있다.
② 싹수가 노랗다: 잘될 가능성이나 희망이 애초부터 보이지 아니하다.
③ 뒤가 깨끗하다: 숨겨 둔 약점이나 잘못이 없다.
④ 뛰는 놈 위에 나는 놈 있다: 아무리 재주가 뛰어나다 하더라도 그보다 더 뛰어난 사람이 있다는 뜻으로, 스스로 뽐내는 사람을 경계하여 이르는 말

08 '격분'은 몹시 분하고 노여운 감정이 북받쳐 오름을 뜻한다. ③은 '가책'의 뜻이다.

06 동쪽에서 나타났다가 금세 서쪽에서 나타나는 홍길동의 모습을 표현하고 있으므로 귀신같이 나타났다가 사라진다는 뜻으로, 그 움직임을 쉽게 알 수 없을 만큼 자유자재로 나타나고 사라짐을 비유적으로 이르는 말인 '신출귀몰'이 적절하다.

07 홍길동을 잡지 못하고 있는 상황이므로 몹시 심하게 하는 꾸지람을 뜻하는 '불호령'이 적절하다.

08 나라에서 정한 법을 지키며 사는 것은 마땅한 도리이므로 '사리를 따져 보건대 마땅히. 또는 반드시'의 의미인 '모름지기'가 적절하다.

14 고전 소설은 19세기 이전의 소설로, 우리나라의 경우 신소설이 나오기 전까지 창작된 소설을 이른다. 고전 소설에는 한문으로 창작된 소설도 있지만, 한글로 창작된 소설도 있다.

<table>
<tr><td colspan="2">**08**회 **확인 문제**</td><td colspan="2" align="right">44~45쪽</td></tr>
<tr><td>01 조신하다</td><td>02 남루하다</td><td>03 애달프다</td><td>04 ⓛ</td></tr>
<tr><td>05 ⓔ</td><td>06 ⓖ</td><td>07 ⓜ</td><td>08 ⓒ</td></tr>
<tr><td>09 아홉</td><td>10 바다, 욕심</td><td>11 사슴, 토끼</td><td>12 손, 떡</td></tr>
<tr><td>13 ×</td><td>14 ○</td><td>15 ×</td><td></td></tr>
</table>

13 희곡은 공연을 목적으로 하는 연극의 대본을 의미한다. 상영을 목적으로 하는 영화의 대본은 시나리오이다.

15 지시문은 희곡에서 등장인물의 행동이나 표정, 무대의 장치, 분위기 따위를 나타내는 부분이다. 희곡의 처음 부분에서 무대 장치, 인물, 배경 등을 설명해 주는 부분은 해설이다.

<table>
<tr><td colspan="2">**07**회 **확인 문제**</td><td colspan="2" align="right">40~41쪽</td></tr>
<tr><td>01 낙향</td><td>02 천대</td><td>03 승화</td><td>04 결의</td></tr>
<tr><td>05 기묘한</td><td>06 신출귀몰</td><td>07 불호령</td><td>08 모름지기</td></tr>
<tr><td>09 결초보은</td><td>10 각골난망</td><td>11 풍수지탄</td><td>12 백골난망</td></tr>
<tr><td>13 반포지효</td><td>14 ×</td><td>15 ○</td><td></td></tr>
</table>

05 홍길동이 나타났다 하면 재물이 사라지는 상황이므로 생김새 따위가 이상하고 묘하다는 뜻의 '기묘하다'를 활용한 '기묘한'이 적절하다.

<table>
<tr><td colspan="2">**09**회 **확인 문제**</td><td colspan="2" align="right">48~49쪽</td></tr>
<tr><td>01 착수</td><td>02 경멸</td><td>03 외지</td><td>04 면밀히</td></tr>
<tr><td>05 냉담</td><td>06 진노</td><td>07 역력</td><td>08 억척(악착)</td></tr>
<tr><td>09 풍전등화</td><td>10 풍비박산</td><td>11 사상누각</td><td>12 설상가상</td></tr>
<tr><td>13 사면초가</td><td>14 ⓒ</td><td>15 ⓖ</td><td>16 ⓛ</td></tr>
<tr><td>17 ⓔ</td><td></td><td></td><td></td></tr>
</table>

01 정부가 가뭄에 대한 대책을 마련하는 상황이므로 '어떤 일에 손을 댐. 또는 어떤 일을 시작함.'을 뜻하는 '착수'가 적절하다.

02 아버지가 돈만 밝히는 사람들을 부정적으로 바라보는 상황이므로 깔보아 업신여김을 뜻하는 '경멸'이 적절하다.

03 고향을 떠나 산 것이므로 자기가 사는 곳 밖의 다른 고장을 뜻하는 '외지'가 적절하다.

04 실패를 되풀이하지 않도록 그 원인을 검토하는 것이므로 자세하고 빈틈이 없다는 뜻의 '면밀히'가 적절하다.

05 곤경에 처한 상황을 모르는 척하는 것이므로 태도나 마음씨가 동정심 없이 차갑다는 뜻의 '냉담'이 적절하다.

09 수도를 지키던 군대마저 무너져 국가가 매우 위태로운 상황이므로 사물이 매우 위태로운 처지에 놓여 있음을 비유적으로 이르는 말인 '풍전등화'가 어울린다.

10 '그'가 귀양 간 후 집안이 무너진 상황이므로 사방으로 날아 흩어짐을 이르는 말인 '풍비박산'이 어울린다.

11 기초가 없이 요령만 부려서 하는 공부는 진정한 실력이 아니므로 기초가 튼튼하지 못하여 오래 견디지 못할 일이나 물건을 이르는 말인 '사상누각'이 어울린다.

12 비가 내리는 것에 더해 어두워지기 시작하였으므로 난처한 일이나 불행한 일이 잇따라 일어남을 이르는 말인 '설상가상'이 어울린다.

13 철수가 친구들과 선생님을 속인 것이 모두 드러났으므로 아무에게도 도움을 받지 못하는, 외롭고 곤란한 지경에 빠진 형편을 이르는 말인 '사면초가'가 어울린다.

03 기나긴 인생의 과정을 거친다는 의미이므로 여행의 과정이나 일정을 뜻하는 '여정'이 적절하다.

04 자존심과 함께 되찾지 못한 것이므로 문맥상 스스로에게 긍지를 가지는 마음을 뜻하는 '자긍심'이 적절하다.

05 문맥상 어떤 일에 대하여 생각하고 있는 것 이외의 다른 생각을 뜻하는 '여념'이 적절하다.

09 아침까지 자고 말았다고 하였으므로 잠을 자다는 의미의 '눈을 붙이다'를 활용할 수 있다.

10 문맥상 매우 귀엽다는 의미의 '눈에 넣어도 아프지 않다'를 활용할 수 있다.

11 이모가 아직 결혼 상대자를 찾지 못한 이유에 해당하므로 정도 이상의 좋은 것만 찾는 버릇이 있다는 의미의 '눈이 높다'를 활용할 수 있다.

12 발표 준비를 못한 상태에서 이름이 불린 것이므로 어찌할 바를 몰라 아득하다는 의미의 '눈앞이 캄캄하다'를 활용할 수 있다.

13 일등 상금액을 알고 선수들이 열심히 경기에 임한 것이므로 몹시 욕심을 내거나 관심을 기울인다는 의미의 '눈에 불을 켜다'를 활용할 수 있다.

15 기행문은 여행의 과정이나 일정에 해당하는 '여정', 여행하면서 보고 들은 것에 해당하는 '견문', 여행을 하면서 생각하고 느낀 '감상'을 기록한 글이다.

10회 **확인 문제**			52~53쪽
01 매료	02 질풍	03 여정	04 자긍심
05 여념	06 공공연하다	07 방자하다	08 대중화
09 눈을 붙였는데		10 눈에 넣어도 아프지 않은	
11 눈이 높아서		12 눈앞이 캄캄했다	
13 눈에 불을 켜고		14 ○	15 ×

01 책에 푹 빠져 있는 상황이므로 사람의 마음을 완전히 사로잡아 홀리게 함을 뜻하는 '매료'가 적절하다.

02 소설 제목처럼 주인공들에게 사랑이 불어닥쳤다고 하였으므로 몹시 빠르고 거세게 부는 바람을 뜻하는 '질풍'이 적절하다.

11회 **확인 문제**			56~57쪽
01 ②	02 ①	03 ③	04 버티거나
05 두려워하는	06 생각하고	07 용납	08 의도
09 등화가친	10 독서삼매	11 수불석권	12 위편삼절
13 ○	14 ○	15 ×	

07 '허용'은 허락하여 너그럽게 받아들인다는 뜻이므로 너그러운 마음으로 남의 말이나 행동을 받아들임을 뜻하는 '용납'과 의미상 바꿔 쓸 수 있다. '용서'는 지은 죄나 잘못한 일에 대하여 꾸짖거나 벌하지 않고 덮어 준다는 뜻이다.

08 '취지'는 어떤 일의 근본이 되는 목적이나 긴요한 뜻이라는 의미이므로 무엇을 하고자 하는 생각이나 계획을 뜻하는 '의도'와 의미상 바꿔 쓸 수 있다. '의리'는 사람으로서 마땅

히 지켜야 할 도리를 뜻한다.

09 서늘한 가을밤은 등불을 가까이 하여 글 읽기에 좋음을 이르는 말인 '등화가친'과 의미가 통한다.

10 다른 생각은 전혀 아니 하고 오직 책 읽기에만 골몰하는 경지를 뜻하는 '독서삼매'와 의미가 통한다.

11 손에서 책을 놓지 아니하고 늘 글을 읽는다는 뜻의 '수불석권'과 의미가 통한다.

12 공자가 주역을 즐겨 읽어 책의 가죽끈이 세 번이나 끊어졌다는 뜻으로, 책을 열심히 읽음을 이르는 말인 '위편삼절'과 의미가 통한다.

15 요약하며 읽을 때 구체적이고 개별적인 내용은 그것을 포함하는 상위 개념으로 일반화한다.

09 게임기를 수리하는 비용이 게임기를 사는 비용보다 큰 상황이므로 기본이 되는 것보다 덧붙이는 것이 더 많거나 큰 경우를 비유적으로 이르는 말인 '배보다 배꼽이 더 크다'와 의미가 통한다.

10 내가 아닌 부모님의 싸움 때문에 정작 내가 놀이공원에 못 갔으므로 강한 자들끼리 싸우는 통에 아무 상관도 없는 약한 자가 중간에 끼어 피해를 입게 됨을 비유적으로 이르는 말인 '고래 싸움에 새우 등 터진다'와 의미가 통한다.

11 우리 팀으로 올 것이라고 믿었던 윤아가 다른 팀으로 간 상황이므로 잘되리라고 믿고 있던 일이 어긋나거나 믿고 있던 사람이 배반하여 오히려 해를 입음을 비유적으로 이르는 말인 '믿는 도끼에 발등 찍힌다'와 의미가 통한다.

12 각자의 의견만 내세우다 결론을 내지 못하였으므로 주관하는 사람 없이 여러 사람이 자기주장만 내세우면 일이 제대로 되기 어려움을 비유적으로 이르는 말인 '사공이 많으면 배가 산으로 간다'와 의미가 통한다.

13 소나기가 와서 새 옷이 젖은 상황이므로 운수가 나쁜 사람은 보통 사람에게는 생기지도 않는 나쁜 일까지 생김을

비유적으로 이르는 말인 '안되는 사람은 뒤로 넘어져도 코가 깨진다'와 의미가 통한다.

15 배경지식은 글을 이해하기 위해 필요한 전반적인 내용 모두를 포함하는 것이다. 예측하며 글을 읽을 때에도 글의 내용에 대해 배경지식을 가지고 있으면 글의 내용을 좀 더 깊이 있게 이해할 수 있다.

01 '타개'는 매우 어렵거나 막힌 일을 잘 처리하여 해결의 길을 연다는 뜻이다. '꾀를 부려 마땅히 져야 할 책임을 지지 아니함.'은 '회피'의 뜻이다.

02 '천대'는 업신여기어 천하게 대우하거나 푸대접한다는 뜻이다. 반면 '후대'는 아주 잘 대접한다는 뜻으로, '천대'와 반의 관계에 있다.
[오답 확인]
① 괄대: 업신여겨 소홀히 대접함. 또는 그런 대접
② 냉대: 정성을 들이지 않고 아무렇게나 하는 대접
③ 박대: 정성을 들이지 않고 아무렇게나 하는 대접
⑤ 푸대접: 정성을 들이지 않고 아무렇게나 하는 대접

03 김 감독이 포기하지 말고 끝까지 경기를 하자는 의도로 격려의 말을 한 것이므로 첫 번째 빈칸에는 굽히거나 지지 않으려고 맞서서 버티거나 항거함을 뜻하는 '대항'이 어울리고, 두 번째 빈칸에는 어떤 일의 근본이 되는 목적이나 긴요한 뜻의 의미인 '취지'가 어울린다. 또한 '기색'은 마음의 작용으로 얼굴에 드러나는 빛이라는 뜻이므로 세 번째 빈칸에는 자취나 기미, 기억 따위가 환히 알 수 있게 또렷하다는 뜻의 '역력'하다는 표현이 어울린다. 네 번째 빈칸은 지친 기색의 선수들이 김 감독에게 보이는 반응이므로 어떤 대상에 흥미나 관심을 보이지 않음을 뜻하는 '냉담'이 어울린다.

04 '매료'는 사람의 마음을 완전히 사로잡아 홀리게 하는 것이고, '매수'는 금품이나 그 밖의 수단으로 남의 마음을 사서 자기편으로 만드는 일을 뜻한다. 피리 소리가 아름다워서 이에 마음을 홀린 것이므로 '매수'로 바꿔 쓰기에 적절하지 않다.
[오답 확인]
① '허용'은 허락하여 너그럽게 받아들임을 뜻하고, '용납'은 너그러운 마음으로 남의 말이나 행동을 받아들임을 뜻한다.
③ '외지'는 자기가 사는 곳 밖의 다른 고장을 뜻하고, '타지'는 다른

지방이나 지역을 뜻한다.
④ '폐해'는 폐단으로 생기는 해를 뜻하고, '병폐'는 깊이 뿌리박힌 잘못이나 결점과 폐단을 아울러 이르는 말이다.
⑤ '책망'은 잘못을 꾸짖거나 나무라며 못마땅하게 여기는 것이고, '질책'은 꾸짖어 나무라는 것이다.

05 '불호령'은 '몹시 심한'의 뜻을 더하는 말인 '불-'이 '호령'과 결합하여 몹시 심하게 하는 꾸지람이라는 뜻을 나타낸다.

06 말썽을 부리는 친구와 한 달 동안 짝을 해야 하는 상황이므로 어찌할 바를 몰라 아득하다는 의미의 '눈앞이 캄캄하다'가 적절하다.
[오답 확인]
① 눈이 높다: 정도 이상의 좋은 것만 찾는 버릇이 있다. 안목이 높다.
② 눈을 붙이다: 잠을 자다.
③ 눈에 불을 켜다: 몹시 욕심을 내거나 관심을 기울이다.
⑤ 눈에 넣어도 아프지 않다: 매우 귀엽다.

07 '사공이 많으면 배가 산으로 간다'는 주관하는 사람 없이 여러 사람이 자기주장만 내세우면 일이 제대로 되기 어려움을 비유적으로 이르는 말이므로 욕심의 속성을 드러내거나 욕심의 부정적 측면을 경고하는 속담이 아니다.
[오답 확인]
① 남의 손의 떡은 커 보인다: 남이 것이 제 것보다 더 좋아 보인다는 뜻으로, 남의 것을 탐내는 마음을 이르는 말
③ 닫는 사슴을 보고 얻은 토끼를 잃는다: 뛰어가는 사슴을 보고 그것을 잡으려다가 이미 얻은 토끼를 잃는다는 뜻으로, 지나치게 욕심을 부리다가 도리어 손해를 봄을 비유적으로 이르는 말
④ 바다는 메워도 사람의 욕심은 못 채운다: 아무리 넓고 깊은 바다라도 메울 수는 있지만, 사람의 욕심은 끝이 없어 메울 수 없다는 뜻으로, 사람의 욕심이 한이 없음을 비유적으로 이르는 말
⑤ 아홉 가진 놈이 하나 가진 놈 부러워한다: 욕심이 많음을 비유적으로 이르는 말

08 '반포지효'는 까마귀 새끼가 자라서 늙은 어미에게 먹이를 물어다 주는 효라는 뜻으로, 자식이 자란 후에 어버이의 은혜를 갚는 효성을 이르는 말이다. 따라서 자신을 구해 준 적군 병사에게 '반포지효'하는 것은 적절하지 않다.
[오답 확인]
① '풍비박산'은 사방으로 날아 흩어진다는 뜻이므로 아버지가 사업에 실패하여 가정이 깨진 상황을 나타내기에 적절하다.
② '풍전등화'는 사물이 매우 위태로운 처지에 놓여 있음을 비유적으로 이르는 말이므로, 구한말(조선 말기에서 대한 제국까지의 시기) 나라의 운명을 나타내기에 적절하다.
④ '독서삼매'는 다른 생각은 전혀 아니 하고 오직 책 읽기에만 골몰하는 경지를 이르는 말로, 친구들이 부르는 소리도 듣지 못하고 책을 읽는 철수의 모습을 표현하기에 적절하다.
⑤ '설상가상'은 난처한 일이나 불행한 일이 잇따라 일어남을 이르는 말로, 어두워지고 비까지 내리는 상황을 표현하기에 적절하다.

01~10 해설 참조
11 관념적   12 박멸   13 소담스럽다 14 발산
15 고식지계   16 길, 봄, 바지
17 우유, 책상, 친구, 자전거   18 샐러드, 아파트

01~10

01권	모	술	02수		03등	
		렴	04용	두	사	05미
	07함					봉
	초				06가	책
	롬			09고		
08의	연	하	다		유	
	다		10한	자	어	

11 철학이 일상생활과 동떨어진 학문이라고 하였으므로 '관념에만 사로잡혀 있는. 또는 그런 것'을 뜻하는 '관념적'이 적절하다. '관념'은 현실에 의지하지 않는 추상적이고 공상적인 생각을 말한다.

12 살충제는 파리, 모기, 바퀴 등을 죽이는 약이므로 모조리 잡아 없앤다는 뜻의 '박멸'이 적절하다.

16 '길, 봄, 바지'는 본디부터 우리말이었던 어휘로, 고유어에 해당한다.

17 '우유, 책상, 친구, 자전거'는 한자에 기초하여 만들어진 말로, 한자어에 해당한다. 따라서 한자로 '牛乳, 冊床, 親舊, 自轉車'로 각각 표기할 수 있다.

18 '샐러드, 아파트'는 외국에서 들어온 말로 국어처럼 쓰이는 외래어이다. 각각 'salad'와 'apartment'를 국어로 표기한 것이다.

01 발원   02 교류   03 병약   04 흉물
05 ③   06 수려하다   07 절묘하다   08 절박하다
09 다채롭다   10 ⓛ   11 ㉠   12 ㉢
13 ○   14 ✕

05 '촉박하다'는 기한이 바싹 닥쳐와서 가깝다는 뜻이고, '사회 방언'은 직업, 연령, 성별 등에 따라 특징적으로 쓰는

말이다. '입만 아프다'는 여러 번 말하여도 받아들이지 아니하여 말한 보람이 없다는 뜻이다. ①은 '호화스럽다', ②는 '입만 살다', ④는 '유감'의 뜻에 해당한다.

06 '화려하다'는 환하게 빛나며 곱고 아름답다는 뜻이다.

07 '미묘하다'는 뚜렷하지 않고 야릇하고 묘하다는 뜻이다.

08 '긴급하다'는 긴요하고 급하다는 뜻이다.

09 '다양하다'는 모양, 빛깔, 형태, 양식 따위가 여러 가지로 많다는 뜻이다.

14 사회 방언은 같은 언어를 사용하는 집단 내에서는 친밀감을 형성하고 원활한 대화가 가능할 수 있지만 다른 집단과의 대화에서는 의사소통을 어렵게 하므로 거리감을 줄 수 있다.

성을 기울였다고 자랑하며 말하고 있으므로 '자화자찬'이 적절하다.

13 ① 편지를 쓰는 것에서 '쓰다'는 머릿속의 생각을 종이 혹은 이와 유사한 대상 따위에 글로 나타낸다는 뜻이고, 방독면을 쓰는 것에서 '쓰다'는 얼굴에 어떤 물건을 걸거나 덮어쓴다는 뜻이다. 두 단어는 의미가 전혀 다르고 소리만 같으므로 동음이의 관계이다.
② 해가 솟아오르는 '아침'은 날이 새면서 오전 반나절쯤까지의 동안을 뜻하고 학교 가기 전에 먹는 '아침'은 '아침에 끼니로 먹는 음식'을 뜻한다. 따라서 두 단어는 하나의 단어가 두 가지 이상의 관련된 의미로 쓰이므로 다의 관계이다.
③ 씻는 '손'은 사람의 팔목 끝에 달린 부분을 뜻하고, 농사일이 바쁜 시기에 모자라는 '손'은 일손(일을 하는 사람)을 뜻한다. 따라서 두 단어는 다의 관계이다.

15회 확인 문제   76~77쪽

01~08 해설 참조   09 향유   10 자화자찬
11 자문자답, 예시 답안 그는 변명이라도 하듯 혼자서 자문자답하고 있었다.
12 일언지하, 예시 답안 엄마는 용돈을 올려 달라는 나의 요청을 일언지하에 거절하셨다.
13 동음이의 관계: ① / 다의 관계: ②, ③

16회 확인 문제   80~81쪽

01 낙담   02 본질   03 감수성   04 부산물
05 이주민   06 ⓒ   07 ⓒ   08 ⓐ
09 배타적   10 낙천적   11 이타적   12 ②, ⑤
13 ④, ⑦   14 ①, ⑥   15 ③, ⑧

01~08

⁰¹관	여	하	다	⁰²생	소	하	다	
습				동				
		⁰³난		감				
		감						⁰⁵동
⁰⁴봉	착	하	다					음
		다		⁰⁷이	실	직	고	이
				구				의
⁰⁸방	관			동		⁰⁶다	의	어
치				성				

09 '향유'는 누리어 가짐을 뜻하고, '향상'은 실력, 수준, 기술 따위가 나아짐을 뜻한다. 제시된 문장을 보면 물질적 부를 누리어 갖는다는 의미이므로 '향유'가 적절하다.

10 '자격지심'은 자기가 한 일에 대하여 스스로 미흡하게 여기는 마음이고, '자화자찬'은 자기가 한 일을 스스로 자랑함을 이르는 말이다. 제시된 문장에서는 자신의 작품이 온 정

09 친구가 거의 없다는 표현이 나오므로 남을 배척하는 것을 뜻하는 '배타적'이 적절하다.

10 어려운 일이 있어도 여유를 잃지 않는 성격을 표현해야 하므로 세상과 인생을 즐겁고 좋은 것으로 여기는 것을 뜻하는 '낙천적'이 적절하다.

11 평생 가난한 사람을 도왔다고 하였으므로 자기의 이익보다는 다른 이의 이익을 꾀하는 것을 뜻하는 '이타적'이 적절하다.

12 언어에서, 소리와 의미의 관계가 필연적이지 않기 때문에 같은 의미라도 나라마다 부르는 이름이 다른 것을 '자의성'이라고 한다.

13 언어에서, 소리와 의미의 관계가 사회적으로 약속된 것이어서 자기 혼자서만 다른 이름으로 부르면 이해하기 힘들다는 것이 '사회성'이다.

14 시간의 흐름에 따라 사라지는 말도 있고 새로운 말도 생기며 소리와 의미가 변하기도 하는 것이 '역사성'이다.

15 한정된 단어로 무한히 많은 문장을 만들 수 있다는 것이 '창조성'이다.

01 감안   02 숙고   03 익살   04 기하급수적

05 ①, ④, ⑤   06 명사: 사랑, 제주도, 할머니 / 대명사: 당신, 우리, 저곳 / 수사: 셋째, 스물   07 유언비어

08 중언부언   09 일언반구   10 감언이설   11 언중유골

12 무고, 예시 답안 집안 식구들 모두 무고하지요?

13 부합, 예시 답안 그는 정치 개혁에 부합하는 인물이다.

14 긴밀, 예시 답안 두 회사는 제품 개발에 긴밀하게 협력하기로 합의했다.   15 무모, 예시 답안 그는 무모하게 사업을 확장하다가 결국에는 파산했다.

05 ② 체언은 문장에서 쓰일 때 형태가 변하지 않는다. ③ 체언은 문장에서 주로 동작이나 상태의 주체가 되거나 동작의 대상이 된다.

06 명사는 구체적인 대상의 이름(제주도, 할머니)이나 추상적인 대상의 이름(사랑)을 나타낸다. 대명사는 사람이나 사물, 장소의 이름을 대신하여 가리키는 단어로, '당신, 우리'는 사람의 이름을 대신하여 가리킨 것이고, '저곳'은 장소의 이름을 대신하여 가리킨 것이다. 수사는 수량이나 순서를 나타내는 단어로, '스물'은 수량을 나타낸 것이고, '셋째'는 순서를 나타낸 것이다.

01~04 해설 참조   05 분간   06 ㉠

07 ㉡   08 ㉤   09 ㉢   10 ㉣

11 ①   12 예시 답안 처음 본 이 새는 생김새가 기이하다.   13 예시 답안 내가 처음 가 본 법정의 분위기는 매우 숙연했다. 14 예시 답안 그들은 이번 시합에서 반드시 승리하겠다는 결연한 의지를 보였다.

01~04

기	이	상	시	소	행	급
묘	02무	실	비	장	05분	진
하	현	궁	판	단	간	적
다	04절	제	무	고	생	구
개	서	방	치	진	나	명
점	01선	별	미	묘	하	다
숙	연	하	다	03점	진	적

11 용언은 문장에서 주로 서술하는 역할을 한다. 형용사는 사물이나 사람의 상태나 성질을 나타내는 단어로, '춥다', '예쁘다'가 이에 해당한다. 동사는 사물이나 사람의 움직임을 나타내는 단어로, '잡다', '달리다'가 이에 해당한다. 어간은 용언이 활용할 때 변하지 않는 부분이다. ②는 기본형, ③은 어미, ④는 활용에 대한 설명이다.

01 ②   02 ②   03 ①   04 ③

05 ⑤   06 ④   07 ⑤

01 ②의 '분간'은 어떤 대상이나 사물을 다른 것과 구별하여 냄을 의미한다.

02 ②의 '스트레스를 발산하다'에서 '발산'은 감정 따위를 밖으로 드러내어 해소함을 의미하고, '따뜻한 기운을 발산하다'에서 '발산'은 냄새, 빛, 열 따위가 사방으로 퍼져 나감을 의미한다. 두 예문에서 '발산'은 어떤 것이 밖으로 나간다는 점에서 의미상의 관련성이 있으므로 두 단어는 다의 관계이다.
[오답 확인]
① '말이나 행동 따위가 사회적인 규범이나 사리에 어긋나지 아니하고 들어맞다.'와 '차지게 이긴 흙 따위를 다른 물체의 표면에 고르게 덧붙이다.'는 의미상 서로 관련이 없다.
③ '사회 현상이나 사상 따위가 맨 처음 생겨남. 또는 그런 곳'과 '신이나 부처에게 소원을 빎. 또는 그 소원'은 의미상 서로 관련이 없다.
④ '아무런 잘못이나 허물이 없다.'와 '사고 없이 평안하다.'는 의미상 서로 관련이 없다.
⑤ '신념, 신의 따위를 굽히지 아니하고 굳게 지키는 꿋꿋한 태도'와 '치료를 위하여 몸의 일부를 째어서 엶.'은 의미상 서로 관련이 없다.

➕ 2018학년도 수능

■ 문맥을 고려할 때, 밑줄 친 말이 ⓐ~ⓔ의 동음이의어가 아닌 것은?

> 디지털 통신 시스템은 송신기, 채널, 수신기로 구성되며, ⓐ전송할 데이터를 빠르고 정확하게 전달하기 위해 부호화 과정을 거쳐 전송한다. 영상, 문자 등인 데이터는 ⓑ기호 집합에 있는 기호들의 조합이다. … 송신기에서는 소스 부호화, 채널 부호화, 선 부호화를 거쳐 기호를 ⓒ부호로 변환한다. … 전송된 부호를 수신기에서 원래의 기호로 ⓓ복원하려면 부호들의 평균 비트 수가 기호 집합의 엔트로피보다 크거나 같아야 한다. … 전압의 ⓔ결정 방법은 선 부호화 방식에 따라 다르다. …

① ⓐ: 공항에서 해외로 떠나는 친구를 전송(餞送)할 계획이다.

② ⓑ: 대중의 <u>기호(嗜好)</u>에 맞추어 상품을 개발한다.

③ ⓒ: 나는 가난하지만 귀족이나 <u>부호(富豪)</u>가 부럽지 않다.

④ ⓓ: 한번 금이 간 인간관계를 <u>복원(復原)</u>하기는 어렵다.

⑤ ⓔ: 이 작품은 그 화가의 오랜 노력의 <u>결정(結晶)</u>이다.

▶▶ ⓓ '복원'과 ④의 '복원'은 모두 원래대로 회복한다는 의미를 지니고 있다.　　　　　　　　　　　　　**정답 ④**

① ⓐ의 '전송'은 글이나 사진 따위를 전류나 전파를 이용하여 먼 곳에 낸다는 뜻이며, ①의 '전송'은 예를 갖추어 떠나보냄을 이르는 말이다.

② ⓑ의 '기호'는 어떠한 뜻을 나타내기 위하여 쓰이는 부호, 문자, 표지 따위를 통틀어 이르는 말이며, ②의 '기호'는 즐기고 좋아함을 뜻한다.

③ ⓒ의 '부호'는 일정한 뜻을 나타내기 위하여 따로 정하여 쓰는 기호를 뜻하며, ③의 '부호'는 재산이 넉넉하고 세력이 있는 사람을 뜻한다.

⑤ ⓔ의 '결정'은 '행동이나 태도를 분명하게 정함. 또는 그렇게 정해진 내용'이라는 뜻이고, ⑤의 '결정'은 애써 노력하여 보람 있는 결과를 이루는 것을 비유적으로 이르는 말이다.

03 품사를 형용사로 만들어 주는 접사가 들어간 단어와 그 의미가 바르게 제시된 것을 찾는다. '소담스럽다'의 '-스럽다'는 '그러한 성질이 있음'의 뜻을 더하고 형용사를 만드는 접사이다. 또한 ①에서 '소담스럽다'의 의미도 바르게 제시되었다.

[오답 확인]

② '부합하다'는 접사 '-하다'가 붙어 만들어진 말로, 동사이다.

③ '감수성'은 접사 '-성'이 붙어 만들어진 말로, 명사이다.

④ '다채롭다'는 접사 '-롭다'가 붙어 만들어진 말로 형용사이며, 여러 가지 색채나 형태, 종류 따위가 한데 어울리어 호화스럽다는 뜻을 지닌다.

⑤ '낙천적'은 접사 '-적'이 붙어 만들어진 말로, '세상과 인생을 즐겁고 좋은 것으로 여기는'이라는 의미로 사용될 때는 관형사이고, '세상과 인생을 즐겁고 좋은 것으로 여기는 것'이라는 의미로 사용될 때는 명사이다.

04 '숙고하다'는 곰곰 잘 생각한다는 뜻이다.

05 '언중유골'은 말 속에 뼈가 있다는 뜻으로, 예사로운 말 속에 단단한 속뜻이 들어 있음을 이르는 말이다. ⑤는 장사꾼의 말에 넘어가서 쓸모없는 물건을 사게 되었다는 의미이므로 귀가 솔깃하도록 남의 비위를 맞추거나 이로운 조건을 내세워 꾀는 말인 '감언이설'이 적절하다.

[오답 확인]

① 혀를 차다: 마음이 언짢거나 유감의 뜻을 나타내다.

② 코가 빠지다: 근심에 싸여 기가 죽고 맥이 빠지다.

③ 일언지하: 한 마디로 잘라 말함. 또는 두말할 나위 없음.

④ 미봉책: 눈가림만 하는 일시적인 계책

06 '무모하다'는 앞뒤를 잘 헤아려 깊이 생각하는 신중성이나 꾀가 없다는 뜻이므로, 용감하다는 의미와는 거리가 멀다.

07 '자문자답'은 스스로 묻고 스스로 대답한다는 뜻으로, 〈보기〉의 ㉠~㉤에는 들어갈 수 없다.

[오답 확인]

㉠: 스스로 자신을 자랑한다는 내용이므로 자기가 한 일을 스스로 자랑함을 뜻하는 '자화자찬'이 들어갈 수 있다.

㉡: 잘못된 제도와 이것을 비판한다는 내용이므로 어떤 사회에서 오랫동안 지켜 내려와 그 사회 성원들이 널리 인정하는 질서나 풍습을 뜻하는 '관습'이 들어갈 수 있다.

㉢: 자신의 잘못에 대하여 책망한다는 내용이므로 자기나 남의 잘못에 대하여 꾸짖어 책망함을 뜻하는 '가책'이 들어갈 수 있다.

㉣: 자신이 신앙만이 옳다고 생각한다는 표현이 있으므로 '남을 배척하는. 또는 그런 것'이라는 뜻의 '배타적'이 들어갈 수 있다.

㉤: 독자가 쉽게 이해할 수 있도록 용어를 골라 썼다는 내용이므로 가려서 따로 나눔을 뜻하는 '선별'이 들어갈 수 있다.

19회　확인 문제　　　　　　　　　　　96~97쪽

01 탕진　　02 함유　　03 분산　　04 질책

05 역량　　06 무기력　 예시 답안 더운 날씨가 계속되자 나는 무기력 속으로 빠져들었다.　07 고정 관념　 예시 답안 고정 관념을 벗어나는 것이 혁신의 시작이다.

08 포괄적, 예시 답안 문제의 부분만을 다루지 말고 조금 더 포괄적으로 접근해 보자.

09 일취월장　 10 괄목상대　 11 환골탈태　 12 개과천선

13 ✕　　　　14 ○　　　　　15 관형사: 그, 새 / 부사: 너무

01 재물 따위를 다 써서 없앤다는 의미와 시간, 힘, 정열 따위를 헛되이 다 써 버린다는 의미인 '탕진'이 적절하다.

02 물질이 어떤 성분을 포함하고 있음을 뜻하는 '함유'가 적절하다.

03 '집중'과 의미상 대조되는 말인 '분산'이 들어가는 것이 적절하다. '분산'은 갈라져 흩어짐을 뜻한다.

04 꾸짖어 나무람을 뜻하는 '질책'이 적절하다.

05 어떤 일을 해낼 수 있는 힘을 뜻하는 '역량'이 적절하다.

09 실력이 발전했다는 내용이 들어가야 하므로 나날이 다달이 자라거나 발전함을 뜻하는 '일취월장'이 적절하다.

10 상대가 놀랄 만큼 실력이 향상했다는 내용이므로 남의

학식이나 재주가 놀랄 만큼 부쩍 늚을 이르는 말인 '괄목상대'가 적절하다.

11 매우 큰 변화와 관계되는 말이 들어가야 하므로 사람이 보다 나은 방향으로 변하여 전혀 딴사람처럼 됨을 이르는 말인 '환골탈태'가 적절하다.

12 참사람이 되라는 내용과 관계되는 말이 들어가야 하므로 지난날의 잘못이나 허물을 고쳐 올바르고 착하게 됨을 뜻하는 '개과천선'이 적절하다.

13 조사 중에서도 서술격 조사 '이다'는 활용을 하므로 모든 조사가 형태가 변하지 않는 것은 아니다.

15 '그'는 '신발'을 꾸미는 관형사, '너무'는 '낡아서'를 꾸미는 부사, '새'는 '신발'을 꾸미는 관형사이다.

20회 확인 문제

01 도리	**02** 주장	**03** 분별	**04** 효과

05 예시 답안 사춘기인 딸은 엄마와 의사소통이 되지 않는다고 불평을 했다.　　**06** 예시 답안 엄마는 내가 강아지를 돌보는 것을 전제로 강아지 키우는 것을 허락하셨다.
07 예시 답안 아직도 세계에는 불가사의한 일이 벌어지고 있다.
08 예시 답안 문학 작품은 어떠한 관점에서 해석하느냐에 따라 다양한 해석이 가능하다.

09 ②	**10** ①	**11** ⑤	**12** ④
13 ③	**14** ×	**15** ○	

---

09 쓸데없이 말을 많이 해서 상대의 기분을 상하게 한 상황이므로 '군말이 많으면 쓸 말이 적다'와 의미가 통한다.

10 고민에 대해 이야기를 했는데 상대편의 반응이 없어 기껏 한 말이 소용 없게 된 상황이므로 '말만 귀양 보낸다'와 의미가 통한다.

11 장난으로 하던 말이 심해져서 험한 말을 하며 다투게 된 상황이므로 '가루는 칠수록 고와지고 말은 할수록 거칠어진다'와 의미가 통한다.

12 속 시원히 할 말을 했으면 좋겠다는 내용이므로 '말은 해야 맛이고 고기는 씹어야 맛이다'와 의미가 통한다.

13 말이 퍼지면서 보태진 상황이므로 '말은 할수록 늘고 되질은 할수록 준다'와 의미가 통한다.

---

14 '토의'는 공동의 문제를 해결하기 위해 여러 사람들이 의견을 모아 보다 더 나은 해결 방안을 찾는 협력적 말하기이다.

21회 확인 문제

01 돈독하여	**02** 심오한	**03** 대응하여	**04** 청
05 적	**06** 공감	**07** 경청	**08** 인신공격
09 성찰	**10** 유구무언	**11** 마이동풍	**12** 호언장담
13 청산유수	**14** ○	**15** ×	

---

01 문맥상 형제 간 우애가 깊다는 것이므로 도탑고 성실하다는 뜻의 '돈독하다'를 활용한 '돈독하여'가 적절하다.

02 문맥상 사상이나 이론 따위가 깊이가 있고 오묘하다는 뜻의 '심오하다'를 활용한 '심오한'이 적절하다.

03 위기 상황에서도 침착하게 행동했다는 내용이므로 어떤 일이나 사태에 맞추어 태도나 행동을 취하는 것을 뜻하는 '대응하다'를 활용한 '대응하여'가 적절하다.

04 유전자 복제 기술이 난치병을 극복하는데 긍정적으로 쓰일 것이라는 내용이므로 어떤 일이 앞으로 잘되어 나갈 것을 보여 주는 징조를 비유적으로 이르는 말인 '청신호'가 적절하다.

05 비정상적인 식욕의 증가·감소는 건강이 안 좋다는 부정적인 신호라는 의미이므로 위험한 상태에 있음을 알려 주는 각종 조짐을 비유적으로 이르는 말인 '적신호'가 적절하다.

06 상대방의 감정이나 상황을 함께 느낀다는 표현이 있으므로 '남의 감정, 의견, 주장 따위에 대하여 자기도 그렇다고 느낌. 또는 그렇게 느끼는 기분'이라는 뜻인 '공감'이 적절하다.

07 상대방이 하는 말에 귀를 기울여 듣는다는 표현이 있으므로 귀를 기울여 듣는다는 뜻인 '경청'이 적절하다.

08 상대방의 신상을 비난한다는 표현이 있으므로 남의 신상에 관한 일을 들어 비난함을 뜻하는 '인신공격'이 적절하다.

09 되돌아보며 생각한다는 내용이므로 자기의 마음을 반성하고 살핀다는 뜻의 '성찰'이 적절하다.

10 약속을 안 지킨 동아가 입이 열 개라도 할 말이 없다고

62 · 중학 국어 어휘 1

하였으므로 변명할 말이 없거나 변명을 못함을 이르는 말인 '유구무언'이 적절하다.

11 엄마의 말을 듣지 않아 비를 맞은 상황이므로 남의 말을 귀담아듣지 아니하고 지나쳐 흘려버림을 비유적으로 이르는 말인 '마이동풍'이 적절하다.

12 자신이 골키퍼를 잘할 수 있다고 의기양양하게 말하고 있으므로 '호기롭고 자신 있게 말함. 또는 그 말'이라는 뜻의 '호언장담'이 적절하다.

13 축제 때 먹거리 장터를 운영해야 하는 이유에 대해 말을 잘하고 있으므로 막힘없이 썩 잘하는 말을 비유적으로 이르는 말인 '청산유수'가 적절하다.

16 직접 대면하는 상황뿐만 아니라 휴대 전화나 인터넷 같은 매체를 통한 대화 상황에서도 언어폭력은 문제가 될 수 있으므로 상대를 배려하고 존중하여 말하는 태도를 갖추어야 한다.

11 같은 말을 여러 번 듣는 것을 뜻하는 '귀에 못이 박히다'와 의미가 통한다.

12 믿기 어려운 얘기를 들어 잘못 들은 것이 아닌가 생각한다는 뜻의 '귀를 의심하다'와 의미가 통한다.

13 말을 알아듣게 된다는 의미의 '귀가 뚫리다'와 의미가 통한다.

14 남이 제 말을 한다고 느낀다는 의미의 '귀가 가렵다'와 의미가 통한다.

15 면담의 목적을 정한 후에 면담의 목적에 맞게 면담 대상자를 선정하여 면담 약속을 잡도록 한다.

22회 확인 문제 108~109쪽

01 위력	**02** 공익성	**03** 일관	**04** 음미
05 기구하다	**06** 국소적	**07** 엄수	**08** 암담하다
09 귀 밖으로 듣다		**10** 귀가 얇다	
11 귀에 못이 박히다		**12** 귀를 의심하다	
13 귀가 뚫리다		**14** 귀가 가렵다	
15 ×	**16** ○		

05 이 말은 세상살이가 순탄하지 못하고 가탈이 많다는 의미의 '기구하다'이다.

06 이 말은 '전체 가운데 한 부분에 관계되는. 또는 그런 것'이라는 의미의 '국소적'이다.

07 이 말은 명령이나 약속 따위를 어김없이 지킴을 뜻하는 '엄수'이다.

08 이 말은 희망이 없고 절망적이라는 의미의 '암담하다'이다.

09 남의 말을 성의 있게 듣지 않고 듣는 둥 마는 둥 한다는 뜻의 '귀 밖으로 듣다'와 의미가 통한다.

10 남의 말을 쉽게 받아들인다는 의미의 '귀가 얇다'와 의미가 통한다.

23회 확인 문제 112~113쪽

01 지키다	**02** 사람	**03** 표제	**04** 진부
05 육하원칙	**06** 유기적	**07** ○	**08** ○
09 발본색원	**10** 결자해지	**11** 쾌도난마	**12** 화룡점정
13 암중모색	**14** 예시 답안 선생님께서는 우리에게 건강을 위해 아침밥을 먹기를 권장하셨다.		**15** 예시 답안 이
번 일은 이유 여하를 막론하고 내 잘못이라고 생각한다.

01 '오류'는 그릇되어 이치에 맞지 않는 일을 뜻하므로, '오류를 지키다'는 적절하지 않다.

02 '도입'은 기술, 방법, 물자 따위를 끌어 들임을 뜻하므로, '기술 도입', '장비 도입', '제도 도입'은 적절하지만, '사람 도입'은 적절하지 않다.

09 문제의 근본 원인을 찾아 없애려는 것과 관련이 있으므로 좋지 않은 일의 근본 원인이 되는 요소를 완전히 없애 버려서 다시는 그러한 일이 생길 수 없게 함을 뜻하는 '발본색원'이 적절하다.

10 자신이 한 일에 대해 책임을 진다는 내용이므로 자기가 저지른 일은 자기가 해결해야 함을 이르는 말인 '결자해지'가 적절하다.

11 쌓여 있는 문제 상황들을 명쾌하게 처리한다는 내용이므로 어지럽게 뒤얽힌 사물을 강력한 힘으로 명쾌하게 처리함을 이르는 말인 '쾌도난마'가 적절하다.

12 골을 잘 넣어서 축구 대회에서 중요한 역할을 할 것이라는 내용이므로 무슨 일을 하는 데에 가장 중요한 부분을 완

성함을 비유적으로 이르는 '화룡점정'이 적절하다.

13 해법이 명확하지 않은 상황에서 방법을 찾아보려고 하므로 확실한 방법을 모르는 채 일의 실마리를 찾아내려 함을 뜻하는 '암중모색'이 적절하다.

24회 **확인 문제** 116~117쪽

01 능동적	**02** 초현실적	**03** 압축	**04** 힐난
05 유대감	**06** 거느려 다스림		
07 널리 퍼지다		**08** 애처롭고 슬프다	
09 감천	**10** 구멍	**11** 호랑이, 정신	
12 모로 가도 서울만 가면 된다			
13 구렁이 담 넘어가듯	**14** ×	**15** ○	

01 '능동적'은 '다른 것에 이끌리지 아니하고 스스로 일으키거나 움직이는. 또는 그런 것'이라는 뜻으로, '수동적'과 의미가 반대된다.

02 '초현실적'은 '현실을 넘어서는. 또는 그런 것'이라는 뜻이다.

03 '압축'은 '물질 따위에 압력을 가하여 부피를 줄임.', '문장 따위를 줄여 짧게 함.'이라는 뜻이다.

04 '힐난'은 트집을 잡아 거북할 만큼 따지고 드는 것을 의미하며, '힐(詰)'은 꾸짖는다는 의미를 가진 한자이다.

05 '유대감'은 서로 밀접하게 연결되어 있는 공통된 느낌을 뜻하는 말로, '끈끈한'이나 '단단한'의 수식을 받아 '끈끈한 유대감', '단단한 유대감'이라고 표현하는 경우도 종종 있다.

12 목적을 이루기 위해 수단과 방법을 가리지 않은 상황이므로, 〈보기〉의 '모'와 '서울'을 활용하여 수단이나 방법은 어찌 되었든 간에 목적만 이루면 된다는 말인 '모로 가도 서울만 가면 된다'라는 속담을 쓸 수 있다.

13 잘못을 하고 슬그머니 얼버무려고 하는 상황이므로, 〈보기〉의 '담'과 '구렁이'를 활용하여 일을 분명하게 깔끔하게 처리하지 않고 슬그머니 얼버무려 버림을 비유적으로 이르는 말인 '구렁이 담 넘어가듯'이라는 속담을 쓸 수 있다.

14 시간과 장소에 구애받지 않고 자유롭고 신속하게 의견을 주고받을 수 있는 것은 인터넷 매체이다.

19~24회 **종합 문제** 118~119쪽

01 ②	**02** ⑤	**03** ③	**04** ②
05 ⑤	**06** ③	**07** ④	**08** ②

01 '진부하다'는 사상, 표현, 행동 따위가 낡아서 새롭지 못하다는 뜻이며, '지루하다'는 시간이 오래 걸리거나 같은 상태가 오래 계속되어 따분하고 싫증이 난다는 뜻이다. 따라서 '지루하다'는 '진부하다'를 대체하기에 적절하지 않다.

02 학교에서 '독서 활동'이라는 좋은 일에 학생들이 힘쓰도록 북돋아 주는 것이므로 바람직하지 않은 일을 더 심해지도록 부추김을 뜻하는 '조장'은 적절하지 않다.
[오답 확인]
① 권고: 어떤 일을 하도록 권함.
② 권장: 권하여 장려함.
③ 독려: 감독하며 격려함.
④ 장려: 좋은 일에 힘쓰도록 북돋아 줌.

03 〈보기〉와 ①, ②, ④, ⑤의 '대응하다'는 어떤 일이나 사태에 맞추어 태도나 행동을 취하다는 뜻이다. 그런데 ③의 '대응하다'는 어떤 두 대상이 주어진 어떤 관계에 의하여 서로 짝이 된다는 의미를 지닌다.

⊕ 2016학년도 수능

■ ⓐ의 문맥적 의미와 가장 가까운 것은?

… 그 지식은 다시 귀납에 의해 정당화 되어야 하는 경험 지식이므로 귀납의 정당화는 순환 논리에 ⓐ빠져 버린다는 것이다.

① 혼란에 빠진 군은 지휘 계통이 무너졌다.
② 그의 말을 듣자 모든 사람들이 기운이 빠졌다.
③ 그는 무릎까지 푹푹 빠지는 길을 헤쳐 왔다.
④ 그의 강연에 자신의 주장이 빠져 모두 아쉬워했다.
⑤ 우리 제품은 타사 제품에 빠지지 않는 우수한 것이다.

▶▶ 문맥상 ⓐ와 ①의 '빠지다'는 '곤란한 처지에 놓이다.'의 뜻으로 사용되었다. **정답 ①**
② '빠지다'는 '몸에 힘이나 기운, 정신 따위가 줄거나 없어지다.'의 의미로 쓰였다.
③ '빠지다'는 '물이나 구덩이 따위 속으로 떨어져 잠기거나 잠겨 들어가다.'의 의미로 쓰였다.
④ '빠지다'는 '차례를 거르거나 일정하게 들어 있어야 할 곳에 들어 있지 아니하다.'의 의미로 쓰였다.
⑤ '빠지다'는 '남이나 다른 것에 비해 뒤떨어지거나 모자라다.'의 의미로 쓰였다.

04 '포함'은 어떤 사물이나 현상 가운데 함께 들어 있거나 함께 넣음을 뜻하며, '함축'은 겉으로 드러내지 아니하고 속

에 간직하는 것을 뜻하거나 말이나 글이 많은 뜻을 담고 있음을 뜻한다. 따라서 '함축'은 '포함'을 대신할 수 없다. 문맥상 ②의 '포함'을 대신할 수 있는 것은 물질이 어떤 성분을 포함하고 있음을 뜻하는 '함유'이다.

05 ⑤의 '후비적'은 '후비'에 '-적'이 붙어 만들어진 단어가 아니라, 틈이나 구멍 속을 자꾸 함부로 긁거나 돌려 파낸다는 의미의 '후비적거리다'의 어근이다. 어근은 단어에서 실질적 의미를 나타내는 중심이 되는 부분이다.

[오답 확인]
① 국소적: 전체 가운데 어느 한 곳을 뜻하는 명사 '국소'에 '-적'이 결합함.
② 능동적: 스스로 내켜서 움직이거나 작용함을 뜻하는 명사 '능동'에 '-적'이 결합함.
③ 유기적: 생물체처럼 전체를 구성하고 있는 각 부분이 서로 밀접하게 관련을 가지고 있음을 뜻하는 명사 '유기'에 '-적'이 결합함.
④ 포괄적: 일정한 대상이나 현상 따위를 어떤 범위나 한계 안에 모두 끌어 넣음을 뜻하는 명사 '포괄'에 '-적'이 결합함.

06 다른 사람의 의견이 타당하다고 생각하면 그것을 받아들인다는 내용이 있으므로 하나의 방법이나 태도로써 처음부터 끝까지 한결같이 하는 것을 의미하는 '일관하다'는 적절하지 않다.

[오답 확인]
① 의사소통: 가지고 있는 생각이나 뜻이 서로 통함.
② 경청: 귀를 기울여 들음.
④ 인신공격: 남의 신상에 관한 일을 들어 비난함.
⑤ 실효성: 실제로 효과를 나타내는 성질.

07 '마이동풍'은 동풍이 말의 귀를 스쳐 간다는 뜻으로, 남의 말을 귀담아듣지 아니하고 지나쳐 흘려버림을 이르는 말이고, '귀 밖으로 듣다'는 남의 말을 성의 있게 듣지 않고 듣는 둥 마는 둥 하는 것을 의미하므로 〈보기〉와 의미가 통한다.

[오답 확인]
① 설왕설래: 서로 변론을 주고받으며 옥신각신함. 또는 말이 오고 감.
귀가 얇다: 남의 말을 쉽게 받아들인다.
② 청산유수: 막힘없이 썩 잘하는 말을 비유적으로 이르는 말
귀가 뚫리다: 말을 알아듣게 되다.
③ 호언장담: 호기롭고 자신 있게 말함. 또는 그런 말
귀가 가렵다: 남이 제 말을 한다고 느끼다.
⑤ 촌철살인: 간단한 말로도 남을 감동하게 하거나 남의 약점을 찌를 수 있음을 이르는 말
귀에 못이 박히다: 같은 말을 여러 번 듣다.

08 자기가 저지른 일은 자기가 해결해야 함을 뜻하는 한자 성어는 '결자해지'이다. '발본색원'은 좋지 않은 일의 근본 원인이 되는 요소를 완전히 없애 버려서 다시는 그러한 일이 생길 수 없게 함을 뜻한다.

어휘력 다지기

01회   2~3쪽

01 명시	02 계승	03 푸념	04 암시
05 유희	06 전승	07 넉두리	08 청량하다
09 건장하다	10 지란지교	11 형상화	12 관포지교
13 막역지우	14 공교롭다	15 수어지교	16 시에 쓰는

말. 또는 시에 있는 말.   **17** 시 속에서 말하는 사람.
18 대말을 타고 놀던 벗이라는 뜻으로, 어릴 때부터 같이 놀며 자란 벗.

01 '명시'는 분명하게 드러내 보임을 뜻한다.

02 '계승'은 조상의 전통이나 문화유산, 업적 따위를 물려받아 이어 나간다는 뜻이다.

03 '푸념'은 '마음속에 품은 불평을 늘어놓음. 또는 그런 말'을 뜻한다.

04 '암시'는 '넌지시 알림. 또는 그 내용'을 뜻한다.

05 '유희'는 '즐겁게 놀며 장난함. 또는 그런 행위'를 뜻한다.

06 '전염'은 ① '병이 남에게 옮음.', ② '다른 사람의 습관, 분위기, 기분 따위에 영향을 받아 물이 듦.'이라는 뜻이다.

07 '넉살'은 부끄러운 기색이 없이 비위 좋게 구는 짓이나 그런 성미를 뜻한다.

08 '처량하다'는 마음이 구슬퍼질 정도로 외롭거나 쓸쓸하다는 뜻이다.

09 '건전하다'는 ① '병이나 탈이 없이 건강하고 온전하다.', ② '사상이나 사물 따위의 상태가 한쪽으로 치우치지 않고 정상적이며 위태롭지 아니하다.'라는 뜻이다.

10 '붕우유신'은 벗과 벗 사이의 도리는 믿음에 있다는 뜻이다.

02회   4~5쪽

01 소행	02 추상적	03 함축적	04 선연히
05 비유	06 ㄹ	07 ㄴ	08 ㄱ
09 ㄷ	10 ㅁ	11 머리가 굵어서	
12 머리를 맞대고		13 머리가 굳어서	
14 머리 위에 앉아		15 원관념	16 보조 관념
17 음산하다	18 무색하다		

01 '소행'은 이미 해 놓은 일이나 짓을 뜻한다.

02 '추상적'은 '어떤 사물이 직접 경험하거나 지각할 수 있는 일정한 형태와 성질을 갖추고 있지 않은. 또는 그런 것'을 뜻한다.

03 '함축적'은 '말이나 글이 어떤 뜻을 속에 담고 있는. 또는 그런 것'을 뜻한다.

04 '선연히'는 '실제로 보는 것같이 생생하게'라는 뜻이다.

05 '비유'는 어떤 현상이나 사물을 직접 설명하지 않고 다른 비슷한 현상이나 사물에 빗대어서 설명하는 일이다.

11 '머리가 굵다'는 어른처럼 생각하거나 판단하게 된다는 뜻이다.

12 '머리를 맞대다'는 어떤 일을 의논하거나 결정하기 위하여 서로 마주 대한다는 뜻이다.

13 '머리가 굳다'는 ① '사고방식이나 사상 따위가 완고하다.', ② '기억력 따위가 무디다.'라는 뜻이다. 여기서는 ②의 의미로 쓰였다.

14 '머리 위에 앉다'는 ① '상대방의 생각이나 행동을 꿰뚫다.', ② '잘난 체하며 남을 업신여기다.'라는 뜻이다. 여기서는 ①의 의미로 쓰였다.

03회			6~7쪽
01 혹평	02 이변	03 호평	04 무인
05 거처	06 문인	07 오매불망	08 학수고대
09 일편단심	10 일일여삼추		11 ⓒ
12 ㉠	13 ⓓ	14 ㉢	15 ㉣
16 예시 답안 내 마음은 호수처럼 잔잔하다.			
17 예시 답안 내 동생은 여우이다.			
18 예시 답안 강물이 말없이 흐른다.			

16 직유법은 '꽃가루와 같이 부드러운 고양이의 털'처럼 비슷한 성질이나 모양을 가진 두 사물을 '같이', '처럼', '듯이'와 같은 연결어로 결합하여 직접 비유하는 표현 방법이다.

17 은유법은 '교실은 온통 별밭이다.'와 같이 'A는 B이다.' 또는 'A의 B'의 형식으로 암시적으로 비유하는 표현 방법이다.

18 의인법은 '말갛게 씻은 얼굴 고운 해야 솟아라.'와 같이 사람이 아닌 것을 사람에 빗대어 사람이 행동하는 것처럼 표현하는 방법이다.

04회			8~9쪽
01 인적	02 상징	03 무료	04 시조
05 상기	06 비옥해서	07 다분한	08 까마득한
09 미묘한	10 노쇠한	11 무료	12 인기척
13 황폐하다	14 물, 고기	15 물, 소리	16 나무
17 뛰는, 나는	18 벼 이삭, 고개		

01 '인적'은 사람의 발자취, 또는 사람의 왕래를 뜻한다.

02 '상징'은 추상적인 것을 구체적인 사물로 나타내는 표현 방식이다.

03 '무료'는 요금이 없다는 뜻이다.

04 '시조'는 고려 말기부터 발달하여 온 우리나라 고유의 정형시이다.

05 '상기'는 흥분이나 부끄러움으로 얼굴이 붉어짐을 뜻한다.

06 '비옥하다'는 땅이 양분이 많고 기름지다는 뜻이다.

07 '다분하다'는 그 비율이 어느 정도 많다는 뜻이다.

08 '까마득하다'는 ① '거리가 매우 멀어 보이는 것이나 들리는 것이 희미하다.', ② '시간이 아주 오래되어 기억이 희미하다.'라는 뜻이다. 여기서는 ①의 의미로 쓰였다.

09 '미묘하다'는 뚜렷하지 않고 야릇하고 묘하다는 뜻이다.

10 '노쇠하다'는 늙어서 쇠약하고 기운이 별로 없다는 뜻이다.

11 '무기력'은 어떠한 일을 감당할 수 있는 기운과 힘이 없음을 뜻한다.

12 '인척'은 혼인에 의하여 맺어진 친척을 이르는 말이다.

13 '황량하다'는 황폐하여 거칠고 쓸쓸하다는 뜻이다.

05회			10~11쪽
01 도량	02 격분	03 빙자	04 요행
05 구성	06 ⓛ	07 ㉠	08 ㉣
09 ㉢	10 ⓓ	11 소탐대실	12 견물생심
13 과유불급	14 교각살우	15 첩첩산중	16 허구성
17 소설	18 갈등		

01 '도량'은 사물을 너그럽게 용납하여 처리할 수 있는 넓은 마음과 깊은 생각을 뜻한다.

02 '격분'은 몹시 분하고 노여운 감정이 북받쳐 오름을 뜻한다.

03 '빙자'는 말막음을 위하여 핑계로 내세움을 뜻한다.

04 '요행'은 뜻밖에 얻는 행운을 뜻한다.

05 '구성'은 문학 작품에서 형상화를 위한 여러 요소들을 밀접한 관련성을 가지고 배열하거나 서술하는 일을 뜻하는 말이다. 소설은 갈등의 심화와 해결 과정에 따라 대체로 '발단, 전개, 위기, 절정, 결말'의 5단 구성으로 이루어진다.

06회			12~13쪽
01 그늘	02 속박	03 사건	04 인물
05 배경	06 ㉡	07 ㉠	08 ㉣
09 ㉢	10 ㉤	11 보는 눈이 있다	
12 싹수가 노랗다		13 뒤가 깨끗한	
14 난다 긴다 하는		15 신신당부	16 박탈감
17 천연덕스럽다		18 독창적	

01 '그늘'은 어두운 부분, 의지할 만한 대상의 보호나 혜택을 뜻한다.

02 '속박'은 어떤 행위나 권리의 행사를 자유로이 하지 못하도록 강압적으로 얽어매거나 제한함을 뜻한다.

03 '사건'은 소설에서 인물이 벌이는 일과 행동을 의미한다. 소설에서 사건들은 마치 거미줄처럼 긴밀하고 조직적으로 연결되어 있다.

04 '인물'은 소설 속 일정한 상황에서 어떤 역할을 하는 사람을 뜻한다.

05 '배경'은 소설에서 사건이 일어나고 인물이 행동하는 시간, 공간, 사회, 시대 등의 구체적 환경이나 장소를 의미한다.

11 '보는 눈이 있다'는 사람이나 일 따위를 평가하는 능력이 있다는 것을 뜻한다.

12 '싹수가 노랗다'는 잘될 가능성이나 희망이 애초부터 보이지 않는다는 뜻이다.

13 '뒤가 깨끗하다'는 숨겨 둔 약점이나 잘못이 없다는 뜻이다.

14 '난다 긴다 하다'는 재주나 능력이 남보다 뛰어나다는 뜻이다.

07회			14~15쪽
01 결의	02 천대	03 승화	04 낙향
05 후대	06 ㉠	07 ㉢	08 ㉣
09 ㉡	10 ㉤	11 기묘하다	12 신출귀몰
13 고전 소설	14 결초보은	15 각골난망	16 풍수지탄
17 백골난망	18 반포지효		

01 '결의'는 '뜻을 정하여 굳게 마음을 먹음. 또는 그런 마음'을 뜻한다.

02 '천대'는 업신여기어 천하게 대우하거나 푸대접하는 것을 뜻한다.

03 '승화'는 어떤 현상이 더 높은 상태로 발전하는 일을 뜻한다.

04 '낙향'은 시골로 거처를 옮기거나 이사하는 것을 뜻한다.

05 '후대'는 '아주 잘 대접함. 또는 그런 대접'을 뜻한다.

11 '기발하다'는 유달리 재치가 뛰어나다는 뜻이다.

12 '신출내기'는 어떤 일에 처음 나서서 일이 서투른 사람을 뜻한다.

13 '현대 소설'은 1894년 갑오개혁 이후에 지어진 소설을 통틀어 이르는 말이다. 현대 소설은 개성적이고 입체적인 인물들이 등장하며, 현실적이고 필연적인 이야기 구성 및 사실적인 묘사를 특징으로 한다.

08회			16~17쪽
01 문책	02 대사	03 장악	04 명분
05 영욕	06 ㉡	07 ㉤	08 ㉠
09 ㉣	10 ㉢	11 희곡	12 책망
13 암전	14 남루하다	15 탐	16 손해
17 많음	18 욕심		

01 '문책'은 잘못을 캐묻고 꾸짖는다는 뜻이다.

02 '대사'는 연극이나 영화 따위에서 등장인물, 즉 배우가 하는 말을 뜻한다.

03 '장악'은 손안에 잡아 쥔다는 뜻으로, 무엇을 마음대로 할 수 있게 됨을 이르는 말이다.

04 '명분'은 일을 꾀할 때 내세우는 구실이나 이유 따위를 뜻한다.

05 '영욕'은 영예와 치욕을 아울러 이르는 말이다. '영예'는 영광스러운 명예를 의미하고, '치욕'은 수치와 모욕을 아울러 이르는 말이다.

11 '소설'은 사실 또는 작가의 상상력에 바탕을 두고 허구적으로 이야기를 꾸며 나간 산문체의 문학 양식을 뜻한다.

12 '책임'은 맡아서 해야 할 임무나 의무를 뜻한다.

13 '명전'은 연극에서, 무대를 밝게 하고 무대 장치나 장면을 바꾸는 일을 뜻한다.

14 '수수하다'는 물건의 품질이나 겉모양, 또는 사람의 옷차림 따위가 그리 좋지도 않고 나쁘지도 않고 제격에 어울리는 품이 어지간하다는 뜻이다.

07 '타향'은 자기 고향이 아닌 고장을 뜻한다.

08 '모순'은 어떤 사실의 앞뒤, 또는 두 사실이 이치상 어긋나서 서로 맞지 않음을 이르는 말이다.

09 '성실히'는 '정성스럽고 참되게'라는 뜻이다.

10 '희곡'은 공연을 목적으로 하는 연극의 대본이다.

11 '진노하다'는 성을 내며 노여워한다는 뜻이다.

12 '억척스럽다'는 어떤 어려움에도 굴하지 아니하고 몹시 모질고 끈덕지게 일을 해 나가는 태도가 있다는 뜻이다.

13 '역력하다'는 자취나 기미, 기억 따위가 환히 알 수 있게 또렷하다는 뜻이다.

01 '여정'은 여행의 과정이나 일정을 뜻한다.

02 '질풍'은 몹시 빠르고 거세게 부는 바람이다.

03 '매료'는 사람의 마음을 완전히 사로잡아 홀리게 하는 것을 뜻한다.

04 '여념'은 어떤 일에 대하여 생각하고 있는 것 이외의 다른 생각을 뜻한다.

05 '수필'은 일정한 형식에 얽매이지 않고 글쓴이가 인생이나 자연 또는 일상생활에서의 느낌이나 체험을 생각나는 대로 쓴 산문 형식의 글이다.

11 '역경'은 일이 순조롭지 않아 매우 어렵게 된 처지나 환경을 뜻한다.

12 '감상'은 마음속에서 일어나는 느낌이나 생각을 뜻하는 말로, 기행문에서는 여행지에서 보고 들은 내용에 대한 글쓴이의 생각이나 느낌을 의미한다.

13 '자만심'은 자신이나 자신과 관련 있는 것을 스스로 자랑하며 뽐내는 마음을 뜻한다.

14 '대중적'은 '수많은 사람의 무리를 중심으로 한. 또는 그런 것'이라는 뜻이다.

01 '취지'는 어떤 일의 근본이 되는 목적이나 긴요한 뜻을 의미한다.

02 '대항'은 ① '굽히거나 지지 않으려고 맞서서 버티거나 항거함.', ② '그것끼리 서로 겨룸.'을 뜻한다. 여기서는 ②의 의미로 쓰였다.

03 '금지'는 법이나 규칙이나 명령 따위로 어떤 행위를 하지 못하도록 하는 것이다.

04 '용납'은 너그러운 마음으로 남의 말이나 행동을 받아들이는 것이다.

05 '요약'은 말이나 글의 요점을 잡아서 간추리는 것이다.

11 '증거'는 어떤 사실을 증명할 수 있는 근거를 뜻한다.

12 '경각심'은 정신을 차리고 주의 깊게 살피어 경계하는 마음을 뜻한다.

13 '특수화'는 '일반적이고 보편적인 것과 다르게 됨. 또는 그렇게 되게 함.'을 뜻한다.

14 '표면화'는 '겉으로 나타나거나 눈에 띔. 또는 그렇게 함.'을 뜻한다.

12회			24~25쪽
01 치유	02 타개	03 폐해	04 일화
05 예측	06 ㉡	07 ㉠	08 ㉤
09 ㉢	10 ㉣	11 불가피하다	12 퇴치
13 사공	14 배, 배꼽	15 뒤, 코	16 사공, 배, 산
17 고래, 새우	18 도끼, 발등		

01 '치유'는 치료하여 병을 낫게 한다는 뜻이다.

02 '타개'는 매우 어렵거나 막힌 일을 잘 처리하여 해결의 길을 연다는 뜻이다.

03 '폐해'는 폐단으로 생기는 해를 뜻한다.

04 '일화'는 세상에 널리 알려지지 아니한 흥미 있는 이야기를 뜻한다.

05 '예측'은 미리 헤아려 짐작하는 것이다.

11 '불가능하다'는 가능하지 아니하다는 뜻이다.

12 '퇴보'는 정도나 수준이 이제까지의 상태보다 뒤떨어지거나 못하게 됨을 뜻한다.

13 '사원'은 회사에서 근무하는 사람을 뜻한다.

13회			26~27쪽
01 고유어	02 한자어	03 관념적	04 미봉책
05 등용	06 박멸	07 가책	08 발산
09 외래어	10 임용	11 수렴	12 섬멸
13 소담스럽게		14 의연한	15 함초롬하게
16 우선 당장 편한 것만을 택하는 꾀나 방법.			
17 목적 달성을 위하여 수단과 방법을 가리지 아니하는 온갖 모략이나 술책.		18 처음은 왕성하나 끝이 부진한 현상을 이르는 말.	

01 '고유어'는 해당 언어에 본디부터 있던 말이나 그것에 기초하여 새로 만들어진 말을 뜻한다. 고유어는 우리 민족 특유의 문화나 정서를 표현하며 정서적 감수성을 풍요롭게 한다.

02 '한자어'는 한자에 기초하여 만들어진 말을 뜻한다. 한자어는 고유어에 비해 좀 더 정확하고 분화된 의미를 지니고 있어서 고유어를 보완한다.

03 '관념적'는 관념에만 사로잡혀 있는 것을 뜻한다.

04 '미봉책'은 눈가림만 하는 일시적인 계책을 뜻한다.

05 '선발'은 많은 가운데서 골라 뽑음을 뜻한다.

06 '멸종'은 생물의 한 종류가 아주 없어짐을 뜻한다.

07 '실망'은 바라던 일이 뜻대로 되지 아니하여 마음이 몹시 상함을 뜻한다.

08 '수렴'은 의견이나 사상 따위가 여럿으로 나뉘어 있는 것을 하나로 모아 정리하는 것을 뜻한다.

09 '외국어'는 외국에서 들어온 말로 아직 국어로 정착되지 않은 단어를 뜻한다.

10 '임용'은 어떤 일을 맡아 하도록 하기 위해 사람을 뽑아 씀을 뜻한다.

12 '섬멸'은 모조리 무찔러 멸망시킴을 뜻한다.

13 '소담스럽다'는 ① '생김새가 탐스러운 데가 있다.', ② '음식이 풍족하여 먹음직한 데가 있다.'를 뜻한다. 여기서는 ②의 의미로 쓰였다.

14 '의연하다'는 의지가 굳세어서 끄떡없다는 뜻이다.

15 '함초롬하다'는 젖거나 서려 있는 모습이 가지런하고 차분하다는 뜻이다.

10 '공유'는 두 사람 이상이 한 물건을 공동으로 소유함을 뜻한다.

11 '방치'는 내버려 두는 것을 뜻한다.

12 '관례'는 전부터 해 내려오던 전례(前例)가 관습으로 굳어진 것을 뜻한다.

13 '절박하다'는 어떤 일이나 때가 가까이 닥쳐서 몹시 급하다는 뜻이다.

15 '생동감'은 생기 있게 살아 움직이는 듯한 느낌을 뜻한다.

16 '개입'은 자신과 직접적인 관계가 없는 일에 끼어드는 것을 뜻한다.

14회			28~29쪽
01 수려한	02 절묘하게	03 병약했지만	04 절박한
05 촉박하여	06 ②	07 ⓒ	08 ⑨
09 ⓒ	10 ⓞ	11 교류	12 발원
13 유감	14 다채롭다	15 쇠약하다	16 흉물스럽다
17 지리적	18 직업, 연령, 성별		

01 '수려하다'는 빼어나게 아름답다는 뜻이다.

02 '절묘하다'는 비할 데가 없을 만큼 아주 묘하다는 뜻이다.

03 '병약하다'는 병으로 인하여 몸이 쇠약하다는 뜻이다.

04 '절박하다'는 어떤 일이나 때가 가까이 닥쳐서 몹시 급하다는 뜻이다.

05 '촉박하다'는 기한이 바싹 닥쳐와서 가깝다는 뜻이다.

16회			32~33쪽
01 본질	02 감수성	03 낙천적	04 부산물
05 낙심	06 허물	07 ⑨	08 ②
09 ⓒ	10 ⓒ	11 이타적	12 이주민
13 낙관적	14 배타적	15 낙담	16 물, 봇짐
17 가랑잎, 솔잎		18 글, 필묵	

01 '본질'은 본디부터 가지고 있는 사물 자체의 성질이나 모습을 뜻한다.

02 '감수성'은 외부 세계의 자극을 받아들이고 느끼는 성질을 뜻한다.

03 '낙천적'은 '세상과 인생을 즐겁고 좋은 것으로 여기는. 또는 그런 것'이라는 뜻이다.

04 '부산물'은 어떤 일을 할 때에 부수적으로 생기는 일이나 현상을 뜻한다.

05 '낙심'은 바라던 일이 이루어지지 아니하여 마음이 상함을 뜻한다.

06 '허물'은 잘못 저지른 실수 또는 흉을 뜻한다.

11 '이기적'은 '자기 자신의 이익만을 꾀하는. 또는 그런 것'이라는 뜻이다.

12 '원주민'은 그 지역에 본디부터 살고 있는 사람들을 뜻한다.

13 '낙관적'은 '인생이나 사물을 밝고 희망적인 것으로 보는. 또는 그런 것'이라는 뜻이다.

15회			30~31쪽
01 생소하게	02 관여하지	03 난감한	04 당면한
05 이실직고	06 자문자답	07 이구동성	08 자화자찬
09 일언지하	10 향유	11 방관	12 관습
13 봉착하다	14 방치	15 생동감	16 개입
17 하나의 단어가 두 가지 이상의 관련된 의미로 쓰이는 단어.			
18 소리는 같으나 뜻이 다른 단어.			

01 '생소하다'는 어떤 대상이 친숙하지 못하고 낯이 설다는 뜻이다.

02 '관여하다'는 어떤 일에 관계하여 참여한다는 뜻이다.

03 '난감하다'는 이러지도 저러지도 못하여 견뎌 내거나 감당하기 어렵다는 뜻이다.

04 '당면하다'는 '바로 눈앞에 당하다'의 의미이다.

14 '배타적'은 '남을 배척하는. 또는 그런 것'이라는 뜻이다.

15 '낙담'은 너무 놀라 간이 떨어지는 듯하다는 뜻으로, 바라던 일이 뜻대로 되지 않아 마음이 몹시 상함을 의미한다.

17회			34~35쪽
01 익살	02 감안	03 숙고	04 품사
05 체언	06 일언반구	07 유언비어	08 언중유골
09 감언이설	10 ⓒ	11 ㉠	12 ⓜ
13 ⓛ	14 ⓡ	15 생각	16 잘못
17 증가	18 되풀이		

01 '익살'은 남을 웃기려고 일부러 하는 말이나 몸짓을 뜻한다.

02 '감안'은 여러 사정을 참고하여 생각함을 뜻한다.

03 '숙고'는 '곰곰 잘 생각함. 또는 그런 생각'이라는 뜻이다.

18회			36~37쪽
01 분간	02 선별	03 절개	04 위신
05 코가 꿰이다		06 코가 빠지다	
07 코가 납작해지다		08 콧등이 시큰하다	
09 코빼기도 못 보다		10 기이한	11 숙연한
12 결연한	13 ⓡ	14 ⓒ	15 ⓛ
16 ㉠	17 동사, 형용사		18 형태

01 '분간'은 어떤 대상이나 사물을 다른 것과 구별하여 냄을 뜻한다.

02 '선별'은 가려서 따로 나누는 것을 뜻한다.

03 '절개'는 신념, 신의 따위를 굽히지 아니하고 굳게 지키는 꿋꿋한 태도를 뜻한다.

04 '위신'은 위엄과 신망을 아울러 이르는 말이다.

10 '기이하다'는 기묘하고 이상하다는 의미이다.

11 '숙연하다'는 고요하고 엄숙하다는 의미이다.

12 '결연하다'는 마음가짐이나 행동에 있어 태도가 움직일 수 없을 만큼 확고하다는 의미이다.

19회			38~39쪽
01 일취월장	02 개과천선	03 괄목상대	04 환골탈태
05 문책	06 집중	07 탕진	08 무기력
09 포괄적	10 고정 관념	11 함유	12 역량
13 산재	14 질책	15 분산	16 조사
17 관형사, 부사		18 독립적, 감탄사	

08 '무기력'은 어떠한 일을 감당할 수 있는 기운과 힘이 없음을 뜻한다.

09 '포괄적'은 '일정한 대상이나 현상 따위를 어떤 범위나 한계 안에 모두 끌어넣는. 또는 그런 것'이라는 뜻이다.

10 '고정 관념'은 잘 변하지 아니하는, 행동을 주로 결정하는 확고한 의식이나 관념을 뜻한다.

11 '함유'는 물질이 어떤 성분을 포함하고 있음을 뜻한다.

12 '역량'은 어떤 일을 해낼 수 있는 힘을 뜻한다.

13 '산재'는 여기저기 흩어져 있음을 뜻한다.

14 '질책'은 꾸짖어 나무라는 것을 뜻한다.

15 '분산'은 '갈라져 흩어짐. 또는 그렇게 되게 함.'이라는 뜻이다.

20회			40~41쪽
01 전제	02 관점	03 변론	04 대의
05 ⓡ	06 ⓒ	07 ㉠	08 ⓛ
09 ⓜ	10 인식	11 불가사의	12 타당성
13 전제	14 시각	15 변호	16 효과
17 생각	18 공동, 협력적		

01 '전제'는 ① '어떠한 사물이나 현상을 이루기 위하여 먼저 내세우는 것', ② '추리를 할 때, 결론의 기초가 되는 판단'을 뜻한다. 여기서는 ①의 의미로 쓰였다.

02 '관점'은 사물이나 현상을 관찰할 때, 그 사람이 보고 생각하는 태도나 방향 또는 처지를 뜻한다.

03 '변론'은 ① '사리를 밝혀 옳고 그름을 따짐.', ② '소송 당사자나 변호인이 법정에서 주장하거나 진술함. 또는 그런 주장이나 진술'을 뜻한다. 여기서는 ②의 의미로 쓰였다.

04 '대의'는 사람으로서 마땅히 지키고 행하여야 할 큰 도리를 뜻한다.

10 '의식'은 깨어 있는 상태에서 자기 자신이나 사물에 대하여 인식하는 작용을 뜻한다.

11 '불가항력'은 사람의 힘으로는 저항할 수 없는 힘을 뜻한다.

21회   42~43쪽

01 돈독	02 대응	03 적신호	04 공감
05 호언장담	06 유구무언	07 청산유수	08 설왕설래
09 마이동풍	10 도타운	11 심오한	12 대처하는
13 인신공격	14 청신호	15 언어폭력	

16 귀를 기울여 들음.　17 자기의 마음을 반성하고 살핌.　18 간단한 말로도 남을 감동하게 하거나 남의 약점을 찌를 수 있음을 이르는 말.

10 '도탑다'는 서로의 관계에 사랑이나 인정이 많고 깊다는 뜻이다.

11 '심오하다'는 사상이나 이론 따위가 깊이가 있고 오묘하다는 뜻이다.

12 '대처하다'는 어떤 정세나 사건에 대하여 알맞은 조치를 취한다는 뜻이다.

22회   44~45쪽

01 음미해	02 암울한	03 일관하며	04 기구한
05 ⓒ	06 ⓗ	07 ⑦	08 ⓛ
09 ⑩	10 ⓔ	11 국지적	12 위력
13 가탈	14 국소적	15 공익성	16 면담

17 명령이나 약속 따위를 어김없이 지킴.
18 희망이 없고 절망적이다.

01 '음미하다'는 어떤 사물 또는 개념의 속 내용을 새겨서 느끼거나 생각한다는 뜻이다.

02 '암울하다'는 절망적이고 침울하다는 뜻이다.

03 '일관하다'는 하나의 방법이나 태도로써 처음부터 끝까지 한결같이 하는 것을 뜻한다.

04 '기구하다'는 세상살이가 순탄하지 못하고 가탈이 많다는 뜻이다.

23회   46~47쪽

01 오류	02 도입	03 조장	04 권장
05 표제	06 개요	07 통일성	08 유기적
09 육하원칙	10 불문하다	11 막론하다	12 케케묵다
13 ⓛ	14 ⓒ	15 ⓔ	16 ⑦

17 자기가 저지른 일은 자기가 해결해야 함을 이르는 말.
18 사상, 표현, 행동 따위가 낡아서 새롭지 못하다.

01 '오류'는 그릇되어 이치에 맞지 않는 일을 뜻한다.

02 '도입'은 기술, 방법, 물자 따위를 끌어 들임을 뜻한다.

03 '조장'은 바람직하지 않은 일을 더 심해지도록 부추김을 뜻한다.

04 '권장'은 권하여 장려함을 뜻한다.

05 '표제'는 ① '서책의 겉에 쓰는 그 책의 이름', ② '신문이나 잡지 기사의 제목'을 뜻한다. 여기서는 ②의 의미로 쓰였다.

24회   48~49쪽

01 애절	02 힐난	03 초현실적	04 유대감
05 유행	06 자발적	07 ④	08 ①
09 능동적	10 만연하다	11 애처롭다	12 매체
13 영상 언어	14 ⓒ	15 ⓔ	16 ⑩
17 ⑦	18 ⓛ		

09 '수동적'은 '스스로 움직이지 않고 다른 것의 작용을 받아 움직이는. 또는 그런 것'이라는 뜻이다.

10 '확산되다'는 흩어져 널리 퍼지게 된다는 뜻이다.

내신과 수능의 빠른시작!
중학 국어 빠작 시리즈

최신개정판

비문학 독해 0~3단계

독해력과 어휘력을
함께 키우는
독해 기본서

최신개정판

문학 독해 1~3단계

필수 작품을 통해
문학 독해력을 기르는
독해 기본서

빠작 ON⁺와 함께
독해력 플러스!

문학X비문학 독해 1~3단계

문학 독해력과
비문학 독해력을 함께 키우는
독해 기본서

고전 문학 독해

필수 작품을 통해
고전 문학 독해력을 기르는
독해 기본서

어휘 1~3단계

내신과 수능의
기초를 마련하는
중학 어휘 기본서

한자 어휘

중학 국어 필수 어휘를
배우는 한자 어휘 기본서

서술형 쓰기

유형으로 익히는
실전 TIP 중심의
서술형 실전서

첫 문법

중학 국어 문법을
쉽게 익히는 문법 입문서

문법

풍부한 문제로 문법 개념을
정리하는 문법서